ANDREAS
DROSDEK

Hagakure
für
Führungskräfte

DER WEG
DES SAMURAI

UEBERREUTER

Die Deutsche Bibliothek – CIP-Einheitsaufnahme

Drosdek, Andreas
Hagakure für Führungskräfte : der Weg des Samurai
Andreas Drosdek. –
Wien/Frankfurt : Wirtschaftsverlag Ueberreuter, 2000
ISBN 3-7064-0699-3

Unsere Web-Adressen:
http://www.ueberreuter.at
http://www.ueberreuter.de

S 0582   1 2 3 / 2002 2001 2000

Inhalt

Vorwort

Die Genialität der großen asiatischen Strategielehrer zeigt sich darin, dass sie uns über die Jahrhunderte hinweg zeitlose Botschaften für unser Verhalten als Strategen und Führungskräfte bieten können.

Während eines Studiums in den USA stieß ich auf das „Buch der fünf Ringe" des japanischen Samurais Miyamoto Musashi. Seine Prinzipien zeigen, wie wir mit chaotischen Situationen am besten umgehen: Die gezielte Schulung der eigenen strategischen Intuition.

Die erste Hälfte der neunziger Jahre war vor allem von der zunehmenden *Globalisierung* geprägt. Entsprechend gerieten die großen Unternehmen zusehends unter Druck. Man erkannte: Die Dinosaurier der Wirtschaftswelt sind vom Aussterben bedroht. Vorstandsvorsitzende gigantischer Unternehmen mit Milliardenumsätzen begannen davon zu sprechen, dass es Zeit wäre, den großen Tanker, den ihr Unternehmen bisher repräsentiert hatte, in kleine, flinke Schnellboote umzuwandeln. Bei meinen Recherchen zu meinem Buch über die Nützlichkeit der Lehren Musashis für das Management wurde mir schnell klar, dass er eine gute Antwort auf diese Problematik bot. Musashi lehrt Chaosmanagement und das war genau das, was die Manager in jener Zeit des Umbruchs brauchten.

Zu Beginn des 21. Jahrhunderts sind wir nun ein deutliches Stück vorangeprescht. Nicht nur die Globalisierung der Wirtschaft, sondern ihre *Virtualisierung* ist der Fokus. Die neuen Wachstumsfelder, die die Grundlagen für die Wirtschaftsgiganten des neuen Jahrtausends bieten, finden sich vor allem in der virtuellen Welt des Internets und des E-Business.

Und gerade für dieses Abenteuer der Eroberung der virtuellen Wirtschaftswelt bietet erstaunlicherweise ein anderer japanischer Samurai die ideale Vorlage. In seinem Werk Hagakure („Verborgen von den Blättern") beschreibt der ehemalige Samurai Yamamoto Tsunetomo das Idealbild eines perfekten Kriegers und Administrators. Er fordert seine Leser auf, sich mit dem Mut zum Risiko ihren Platz in der Welt zu erobern und dabei mit absoluter Loyalität in Treue zum eigenen Clan zu stehen.

Das genau ist es, was die heutigen Internetpioniere auszeichnet: die Start-ups sind wie Clans organisiert, die Mitarbeiter sind meistens nicht nur Angestellte, sondern durch Aktienoptionen auch Teil einer Schicksalsgemeinschaft. So gewinnt man gemeinsam mit großer Risikofreude und vollem Einsatz seinen Anteil an der Welt des E-Business.

Ein typisches Beispiel für diese neue Haltung ist Loretta Würtenberger. Zusammen mit Freunden gründete sie die Firma Webmiles, die Bonuspunkte fürs Surfen und Kaufen im Internet vergibt. Bereits mit 22 Jahren hatte sie ihren Juraabschluss geschafft, mit 25 war sie die jüngste Richterin Deutschlands – nur um den sicheren Staatsjob kurz danach für ihre Unternehmensgründung aufzugeben. „Aus Spaß am Risiko und Spaß am Geschäft", wie sie dem „Spiegel" vor kurzem verriet. In ihrem Start-up läuft das Business nach anderen Gesichtspunkten als bei den traditionellen Unternehmen: Auf der großen Dachterrasse des Münchner Büros der Firma „machen wir abends gemeinsam ein Bier auf, und dann wird noch mal eine Schicht eingelegt."

Tsunetomo hätte seine Freude an dieser jungen Samurai (und, wenn sie auch selten waren, gab es selbst im alten Japan schon weibliche Samurai).

Das Hagakure hat der Internetgeneration nicht nur erstaunlich viel zu sagen, es ist mit über tausend Web-Pages auch gut im Internet vertreten. Zumindest wenn man bedenkt, dass es einst als Geheimlehre galt.

In diesem Zusammenhang möchte ich auch meiner Frau Yvette Christmas Drosdek für unsere fruchtbare Zusammenarbeit bei der Internet-Recherche danken.

Im Laufe der Zeit wurde das Hagakure zur „Bibel" der Samurai. Ich hoffe mit diesem Buch einen Beitrag dazu zu leisten, dass sie als Leser von der Vielfalt an Einsichten profitieren können, die das Hagakure auch den heutigen Führungskräften und „Wirtschaftskriegern" zu vermitteln hat.

Bonn, im Mai 2000   Andreas Drosdek

Einleitung

Welche Haltung, welche Denk- und Verhaltensweisen zeichnen die ideale Führungskraft aus? Das war eine Frage, die die japanische Samurai-Klasse über Jahrhunderte hinweg beschäftigte. Als adlige Krieger befehligten sie die Armeen der jeweiligen Feudalherren. Als Administratoren bildeten sie das Rückgrat der zivilen Verwaltung. Später, in den friedlicheren Jahren Japans, wurden viele von ihnen auch Künstler und Gelehrte, ohne jedoch auf das Privileg, als Einzige in der Öffentlichkeit in voller Bewaffnung erscheinen zu dürfen, zu verzichten.

In vielerlei Hinsicht glichen diese privilegierten Krieger, die im Namen ihres Feudalherrn ihre militärischen und zivilen Führungsaufgaben wahrnahmen, den heutigen Managern und Führungskräften in den Unternehmen: sie waren die Führungselite der Domäne, es lag an ihnen, die Gesetze und Prinzipien des Feudalherrn aufrechtzuerhalten. Gleichzeitig mussten sie, vor allem bei militärischen Kampagnen, die Interessen ihres Clans mit strategischem Geschick und mutiger Entschlossenheit verteidigen. Die einzelnen Samurai bildeten im Kampf einen eher losen Verbund. Jeder Samurai fällte seine Entscheidungen auf dem Schlachtfeld weitgehend selbstständig, nachdem man sich vorab über die geplante allgemeine Vorgehensweise untereinander abgesprochen hatte.

Nachdem es, zuerst nur als Geheimlehre gedacht, allgemeine Verbreitung gefunden hatte, sahen Generationen von Samurai in dem Hagakure des Samurai und Mönchs Yamamoto Tsunetomo die autoritative Anleitung für den idealen Weg des Kriegers. („Hagakure" ist der bekannte Kurztitel der Abhandlung. Der vollständige Titel lautet „Hagakure kikigaki – Notizen über das was, verborgen von den Blättern, gehört wurde".) Das Hagakure gilt aber nicht nur als die definitive „Samurai-Bibel". Es enthält auch eine schier unendliche Fülle an Ratschlägen, die zu allen Zeiten für Führungskräfte von entscheidender Bedeutung waren. Der Originaltext wurde vor fast 300 Jahren niedergeschrieben. (Der junge Samurai Tashiro Tsuramoto schrieb den Text nach den Worten von Yamamoto Tsunetomo von 1710 bis 1716 nieder. Bis heute erhalten sind eine Reihe von Kopien und Abschriften dieses Originalmanuskriptes.) Gerade in unserer Zeit zu Beginn des neuen Jahrtausends gewinnt das Hagakure aber eine erstaunliche Aktualität:

Während uns die anderen großen asiatischen Strategielehrer wie Sunzu und Musashi vor allem den Weg zur idealen strategischen Ausrichtung aller Handlungen aufzeigen, legt Yamamoto Tsunetomo auch großen Wert darauf, die Geisteshaltung und Charakterentwicklung zu beschreiben, die eine ideale Führungskraft prägen und vor allem auch in turbulenten Zeiten zur tragenden Säule für die Mitarbeiter machen. Er erläutert die praktische Bedeutung von Eigenschaften wie Selbstverantwortung, Loyalität, der Fokussierung auf die strategisch wichtigen Aufgaben, Schnelligkeit, Entschlossenheit und Mut, aber auch den Wert von Menschlichkeit, Etikette, Dankbarkeit oder Respekt vor anderen für die Menschenführung. Der ideale Manager hat für ihn eine Reihe von wesentlichen Meta-Skills, die er kontinuierlich weiterentwickelt.

Wer nur Weisheit und Talent hat, der steht erst am Anfang seiner Brauchbarkeit.

Höre nicht auf, auch ein galoppierendes Pferd anzuspornen.

Und das Hagakure gibt auch das Erfolgsrezept, das vor allem in unserer Zeit der sich fragmentierenden Karrieren und vielfältigen neuen Berufs- und Arbeitsmöglichkeiten entscheidend ist:

Das menschliche Leben dauert nur einen Augenblick. Verbringe es damit, das zu tun, was dir gefällt.

Die meisten wirklich erfolgreichen Menschen betonen, dass ihnen ihre Arbeit immer Spaß gemacht hat und sie vor allem deshalb so erfolgreich wurden.

Das Hagakure, an dem mehr als sieben Jahre lang geschrieben wurde, enthält in seiner ursprünglichen Version über 1.300 Sprüche, Maximen, Ratschläge und kurze Geschichten. Etwa dreihundert tauchen in den übersetzten, westlichen Versionen auf. Sie sind die kondensierte Weisheit aus dem Hagakure, die von globaler Bedeutung ist und von allen Menschen als Erfolgsrezept genutzt werden kann – insbesondere dann, wenn sie Führungsaufgaben wahrnehmen und in Verantwortung gegenüber Investoren und Aktionären, Vorgesetzten, Kunden und Mitarbeitern stehen.

Von ganz besonderer Bedeutung ist das Hagakure für die Führungskräfte der New Economy. Egal ob es sich bei den Internet-Unternehmen um unabhängige Start-ups oder eine Gründung durch ein etabliertes Großunternehmen handelt, die Internetpioniere müssen sich mit Kreativität, Mut und Schnelligkeit ihr Terrain in der großen und in ihren Möglichkeiten noch weitgehend unerschlossenen virtuellen Welt des Internets erobern.

Das geht nur mit hochmotivierten Mitarbeitern, die oft durch Aktienoptionen so eingebunden werden, dass das schnelle Wachstum der Firma für sie von großem persönlichen Interesse ist. In den USA geht der Spruch um, dass jeden Morgen im Silicon Valley zehn frischgebackene Millionäre aus dem Bett steigen – weil ihre Aktienoptionen über Nacht entsprechend im Wert gestiegen sind. Auf diese Weise repräsentieren diese Art von Unternehmen der New Economy die Samurai-Clans der Tage des Hagakure. Diese wussten sehr wohl: Geht es dem Clan gut, dann geht es auch dir gut. Das gleiche Gesetz gilt auch heute wieder in vielen Internet Start-ups und anderen High-Tech-Firmen.

Bei dem vorliegenden Buch geht es darum, die wesentlichen Lehren des Hagakure für Führungskräfte mit entsprechenden Erläuterungen zu ihrer Relevanz für das Management des 21. Jahrhunderts darzustellen. Die mit Fettdruck versehenen Textpassagen sind (frei und paraphrasisch übersetzte) Zitate aus dem Hagakure. Sie werden durch Zusammenfassungen, Kommentare und moderne Beispiele ergänzt.

Das Hagakure ist kein Buch, das man nur mit dem Verstand liest. Seine Weisheiten müssen auch intuitiv wahrgenommen werden, man muss sie auf sein ganzes Wesen einwirken lassen. Yamamoto Tsunetomo wollte, dass sein Werk Denkanstöße vermittelt und auch die Herzen der Leser erzieht. Es ging ihm nicht darum, sich als unfehlbaren Lehrmeister zu präsentieren. Entsprechend hat er seine Lehre in nur lose thematisch geordneten Abschnitten präsentiert, ohne didaktische Stringenz, aber mit fast poetischer Form.

Jim Jarmusch, der Regisseur des bemerkenswerten Films „Ghost Dog – Der Weg des Samurai", in dem die Lehren des Hagakure eine zentrale Rolle spielen, betonte diesen zusätzlichen meditativen Wert des Werkes: „‚Hagakure' ist ein formschönes Buch, da es – wie ein geistlicher Text – aus kleinen Paragraphen besteht."

Das vorliegende Buch versucht diesen beiden Aspekten des Hagakure gerecht zu werden: In der Substanz klare Prinzipien für Führungskräfte aufzuzeigen und in der Form zu einem meditativen und intuitiven Zugang zu ermutigen.

I

Aus dem Hagakure:

Der Weg des Kriegers liegt im Tod. Wenn es darauf ankommt, gibt es nur den schnellen Entschluss für den Tod. Das ist nicht besonders schwer. Sei einfach fest entschlossen und greife an ... Wir alle wollen leben. Und zu einem Großteil passen wir unsere Logik dem an, was wir uns wünschen. Aber wenn man seine Ziele nicht erreicht und trotzdem weiterlebt, dann ist das Feigheit. Da gibt es eine schwierige, feine Linie.

***

Ohne Frage sollte ein Samurai den Weg des Kriegers kennen. Wir alle aber sind in dieser Hinsicht nachlässig. Deshalb gibt es auch nur wenige Menschen, die auf die Frage „Was ist der wahre Weg des Kriegers" eine sofortige Antwort parat haben. Das liegt daran, dass

15

man diese Frage in seinem Geist nicht zuvor geklärt hat. Daran kann man erkennen, dass man sich geistig nicht richtig auf den Weg des Samurai vorbereitet hat.

Nachlässigkeit ist in dieser Angelegenheit von großer Bedeutung.

Der Weg des Kriegers liegt im Tod

Der gute Manager

Ohne Frage sollte ein Samurai den Weg des Kriegers kennen. Wir alle aber sind in dieser Hinsicht nachlässig.

Was bedeutet es ein guter Manager zu sein? Was ist gute Leadership? Für jeden, der Verantwortung in Wirtschaft, Gesellschaft und Politik zu tragen hat, sollte dies eine wichtige Frage sein. Spontan beantworten kann diese Frage aber nur, wer sich bereits vorher ernsthafte Gedanken zu dem Thema gemacht hat. Die meisten sind tagtäglich mit vielfältigen sogenannten „Managementaufgaben" beschäftigt, ohne sich jemals die Zeit zu nehmen, wirklich das Wesen wahrer Führung zu ergründen. Sie sind sozusagen täglich mit den unterschiedlichsten Bäumen beschäftigt, sehen aber niemals den Wald. Diese Tatsache zeugt von gedanklicher Nachlässigkeit. Man muss die wichtigen Fragen frühzeitig durchdenken, wenn man zur rechten Zeit die rechte Antwort parat haben will. Krisen kommen oft unverhofft. Vor allem der, der auch unter kritischeren Umständen in der Lage sein will, richtig zu reagieren und die Mitarbeiter motiviert zu halten, muss sich bereits vorher gedanklich auf solche Herausforderungen vorbereiten.

Die Zeit mag vergehen, die Brisanz der Herausforderung aber bleibt bestehen: Nachlässigkeit bei den falschen Dingen, zur falschen Zeit und zum falschen Ort kann zu extrem negativen Ergebnissen führen. Das ist deshalb eine Sache von äußerster Bedeutung: Nur wer weiß, was gutes Management wirklich ist, kann zu allen Zeiten ein guter Manager sein.

Die Helden der New Economy

Der Weg des Kriegers liegt im Tod.

Dieser berühmte Satz aus dem Hagakure ist gleichzeitig das ideale Motto für das Management im Internetzeitalter. Seit der Entdeckung der Neuen Welt durch Kolumbus oder der Euphorie über die ungeahnten Möglichkeiten, die der technische Fortschritt zu Beginn der Industriellen Revolution bot, hat es selten einen entsprechenden Pioniergeist unter den Visionären und Mutigen unter den Unternehmern und Managern gegeben.

Durch das Internet eröffnen sich völlig neue Möglichkeiten, die Welt der Wirtschaft zu gestalten. In nur wenigen Jahren kann ein mutiger Visionär alteingesessene Unternehmen überflügeln und am Ende einfach übernehmen, wie zum Beispiel Steve Case mit der Übernahme von Time Warner durch AOL bewiesen hat.

Dort wo das Alte im Sterben liegt und sich täglich neue Möglichkeiten auftun, sind Männer und Frauen gefordert, die ohne Furcht vor dem auch immer gegenwärtigen Risiko ausziehen, sich ein wesentliches Stück der neuen globalen Wirtschaftswelt zu erobern. In Zeiten der Megafusionen und der Schaffung neuer virtueller Wirtschaftsgiganten bleibt keine Zeit mehr für behutsames Taktieren und langes Zögern.

Wenn man sich mit wichtigen Alternativen konfrontiert sieht, dann liegt der Erfolg meist auf der Seite der Risikobereiten. Das ist eine Wahrheit, die zu allen Zeiten galt: Ohne Mut gab es vielleicht Sicherheit bis hin ins Rentenalter, große Taten aber ergaben sich daraus höchst selten.

Anderswo ergänzt das Hagakure: **Der Samurai trifft seine Entscheidung innerhalb von sieben Atemzügen.**

Wer will Manager aufhalten, die sich täglich schnell und „todesmutig" in immer neue und größere Abenteuer und Herausforderungen stürzen.

Die Botschaft des Hagakure: sei mutig und zuversichtlich. Im heutigen Business gewinnst du nichts durch Zögern und Zaudern. Nur den Mutigen gehört die Zukunft. Und wer ist mutiger als derjenige, der keine Angst vor dem Scheitern (dem „Tod") hat.

Todesmut ist aber nicht das gleiche wie Todessehnsucht:

Wir alle wollen leben. Und zu einem Großteil passen wir unsere Logik dem an, was wir uns wünschen. Aber wenn man seine Ziele nicht erreicht und trotzdem weiterlebt, dann ist das Feigheit.

Der Erfolg ist die ultimative Belohnung. Erfolg im Zeitalter der Globalisierung und des Internets kann aber nie darin bestehen, dass man lediglich ängstlich den Besitzstand wahrt und seine momentane Position im Unternehmen oder auf dem Markt zu verteidigen sucht. Nur wer immer weiter voranprescht und neue Wege, Methoden und Märkte erschließt, kann seine Ziele als Manager oder Unternehmer erreichen. Der globale Markt duldet keinen Stillstand. Wer seine Visionen nicht mutig anstrebt, wird scheitern. Im 21. Jahrhundert zahlt sich mangelnder Mut nicht aus.

Mut auf der anderen Seite hat nichts mit Leichtsinn und Naivität zu tun: Wer mit großen Plänen großes Potenzial in den Sand setzt, der wird vielleicht zum Helden der Boulevardpresse, mit echtem Unternehmertum und dem Mut, den der schöpferische Zerstörer im Sinne von Schumpeter braucht, hat das nichts zu tun.

Tollkühnheit, so warnt das Hagakure, ist eine Form des Fanatismus, die zwar meist keine Schande bringt, aber oft genug auch keine wirkliche Ehre. Echter Mut gründet immer auf einem Gefühl tiefer Verantwortung und einem persönlichen Bekenntnis zu Prinzipien, die man als seinen eigenen Lebensweg verinnerlicht hat und die man sich tagtäglich vor Augen führt. Die Verantwortung, die daraus erwächst, gründet sich aber nicht allein darauf, nichts Falsches zu tun und andere nicht auch noch mit sich ins Verderben zu reißen. Verantwortung zu übernehmen heißt auch, großartige Chancen im eigenen Leben und bei der Führungsaufgabe nicht nur deswegen zu verpassen, weil man nicht den Mut hatte, sie zur rechten Zeit wahrzunehmen. Darin liegt auch der Kern des Weges des Samurais und des Managers, der seine hohe Aufgabe mit entsprechender Würde und Ehrgefühl ausfüllt. Der Schlüssel liegt darin, den eigenen „Tod" bereits vorwegzunehmen, keine Angst mehr vor dem Versagen zu haben, sondern ohne Furcht konsequent so zu leben, dass es einem selbst zur Ehre gereicht und man seiner Berufung als Führungskraft voll gerecht wird.

* * *

Die bekannte dänische Bergsteigerin Lene Gammelgaard gab über ihre Teilnahme an einer von einem Filmteam begleiteten Expedition zum Mount Everest das folgende Interview. Zu dieser Zeit waren von insgesamt 24 Bergsteigern bei einem Schnee-Orkan in der Todeszone oberhalb 7.900 Meter acht ums Leben gekommen:

FRAGE: Frau Gammelgaard, Sie haben 1996 als erste Skandinavierin den Gipfel des Mount Everest erreicht und sehr hart dafür trainiert. Was hat Sie motiviert, dieses Wagnis einzugehen?

ANTWORT: Ich bin in der Seele wohl eine Pionierin und Ent-deckerin, nicht nur was das Bergsteigen betrifft, sondern über-haupt – im Leben. Herausforderungen haben mich immer sehr motiviert, auch weil es dabei um die große existenzielle Frage im Leben geht ... Als mir im Frühjahr 1996 die Frage gestellt wurde, ob ich die Besteigung des Mount Everest wagen wollte, konnte ich nur ‚Ja‘ sagen. Das ist eine Chance, die man viel-leicht nur einmal im Leben bekommt.

FRAGE: Was sind aus Ihrer Sicht die wesentlichen Gründe für das Unglück, dem Sie nur um Haaresbreite entgangen sind?

ANTWORT: Ich glaube, dass es ein wenig Glück war, das mir geholfen hat, zu überleben, als andere starben. Doch – wenn man so eine riskante Herausforderung annimmt, muss man auch sehr gut vorbereitet sein. Nicht nur rein physisch. Mit jeder einzelnen Zelle des Körpers muss man dazu bereit sein, in diesem lebensfeindlichen Umfeld zu überleben. Man muss eingesehen haben, wie gefährlich es ist, man muss sich auf den möglichen Tod gefasst machen, so dass man ganz bereit ist, alles anzunehmen, was dort oben passieren kann.

(Taschenbuch-Magazin, Frühjahr 2000)

***

Führungspersönlichkeiten setzen die richtigen Prioritäten

Ein Mann ist in dem Ausmaß ein guter Führer und Admini-strator, in dem er seinem Herrn Bedeutung beimisst. Das ist die höchste Form der Gefolgschaft.

Eine Maxime, die wie geschaffen für unsere Zeit des Shareholder-Values zu sein scheint. Vom idealen Manager werden die Interessen der eigentlichen Eigentümer des Unternehmens nicht vernachlässigt. Die Aktionäre hatten eigentlich als Kapitalgeber und im legalen Sinne Eigentümer des Unternehmens schon immer ein Anrecht auf eine verantwortungsvolle Berücksichtigung ihrer Interessen durch das Management. Dieser Aspekt wurde vom Management aber lange Zeit vernachlässigt. Vor allem die großen Pensionsfonds der USA, durch die viele Arbeitnehmer gleichzeitig auch Anteile an Unternehmen haben und die Aktienoptionen, die vor allem Manager zu Miteigentümern ihrer Unternehmen machten, haben die Trendwende hin in Richtung auf Shareholder-Value bewirkt und die Mehrung des Unternehmenswertes ins Zentrum der Managementaktivitäten gerückt.

In Zeiten der freudigen Gewinnmitnahme bei besonderen Börsenerfolgen verhalten sich viele dieser eigentlichen Eigentümer aber nun auch selbst unverantwortlich gegenüber dem langfristigen Wohl des Unternehmens, dessen Aktien sie für mehr oder weniger kurze Zeit als Investition „halten".

Die „Herren" in Tsunetomos Zeit hatten da, sofern sie ihren Status wirklich verdienten, ein weitaus größeres Verantwortungsbewusstsein: sie waren für das Wohl der ihnen unterstellten Krieger, Händler und Bauern verantwortlich und es lag an ihnen, die Strategien für das langfristige Überleben und den wachsenden Wohlstand des Fürstentums zu entwickeln.

Heute liegen beide Verantwortungen – die langfristige Unternehmensentwicklung und das Wohl der Mitarbeiter – beim Management. In diesem Sinne nimmt eine Führungskraft beide Verantwortungen gleichzeitig wahr: Verantwortung gegenüber den Aktionären und Verantwortung gegenüber den Mitarbeitern.

In diesem Sinne ist es auch nicht leichter geworden, verantwortungsvoll zu führen. Die Konsequenz: man muss vor allem seinen eigenen Prinzipien treu bleiben und alle seine Aufgaben verantwortlich handhaben. Das erfordert einen ausgewogenen Balanceakt zwischen den Interessen der Aktionäre, der Mitarbeiter und der Unternehmenszukunft.

Eine gute Führungskraft zeichnet sich dadurch aus, dass sie diesen Herausforderungen gerecht wird und darin auch die Erfüllung in ihrer Arbeit findet.

* * *

Wir müssen uns wieder klarmachen, dass der Kapitalismus nur ein Mechanismus ist, wie der Markt funktioniert. Aber er ist nicht der Grund, bestimmte Dinge zu tun. Denn es ist nicht der Sinn des Lebens, Geld zu verdienen. Geld ist nur der Maßstab für Erfolg. Die Menschen aber brauchen mehr. Sie wollen wissen, wer sie sind und was sie vom Leben erwarten. Sie sind hungrig nach dem Sinn ihres Lebens [...]. Warum soll jemand denn hart arbeiten, wenn dadurch nur die Manager und Aktionäre reich werden? Natürlich stellt ein gutes Unternehmen seine Aktionäre zufrieden. Es erfüllt seine Pflichten als Arbeitgeber und sorgt sich um die Bedürfnisse seiner Kunden. Aber das ist nicht genug. Ein Unternehmen muss doch erst einmal wissen, warum es überhaupt existiert. Erst dann kann es entscheiden, was es tun muss.

*Interview mit dem bekannten
Managementexperten Charles Handy,
RWE-Magazin agenda 2/1997*

* * *

Führungsqualitäten sind vor allem eine Frage von Ethik und Moral

Wenn man seine Aufgaben mit Weisheit und Talent angehen kann, dann ist das nach dem Hagakure auch für die Führungskraft eine glückliche Fügung. Aber auch weniger Talentierte können ihre Aufgaben herausragend erfüllen, wenn sie entschlossen sind, ihren moralischen Verpflichtungen gerecht zu werden.

Die radikale Sicht des Hagakure im Hinblick auf die wahren Qualitäten einer Führungskraft: **Wer nur Weisheit und Talent besitzt, der steht erst am Anfang seiner Brauchbarkeit.**

***

Der Wert einer Führungskraft ist eine Frage der wahren Motive

Motive und Motivationen sind das entscheidende Kriterium für die Qualität des Managements. Einige Manager erfassen Zusammenhänge sehr schnell und neigen zu raschen, effektiven Entschlüssen. Andere nehmen sich Zeit und durchdenken die Zusammenhänge erst einmal gründlich, bevor sie Entscheidungen treffen. Unabhängig von diesen persönlichen Denk- und Entscheidungsstilen erwächst eine außergewöhnliche persönliche Kompetenz und Durchschlagskraft vor allem aus dem Grad, zu dem die eigene Verantwortung auch dann wahrgenommen wird, wenn sie in Konflikt mit persönlichen Interessen gerät. Am Ende entscheiden vor allem die persönlichen Werte und Prinzipien einer Führungskraft darüber, inwieweit sie dem Unternehmen wirklich von Nutzen ist.

Menschen glauben, sie könnten komplexe Zusammenhänge durch tiefes Nachdenken lösen, aber sie kommen zu keinem vernünftigen Schluss, solange sie perversen Gedanken nachhängen und Eigennutz und Selbstbezogenheit zum Kern ihres Denkens machen.

* * *

Die fatale Versuchung, der eigenen Natur nachzugeben

Weil wir uns bei unseren Handlungen meist auf unsere eigene Weisheit verlassen, werden wir selbstsüchtig und kehren der Vernunft den Rücken. Die Folge sind schlechte Resultate.

Wir alle neigen zu Selbstverliebtheit und Eigennutz. Das sind die automatischen Tendenzen unserer biologischen Natur. Letztendlich sind die daraus resultierenden Verhaltensweisen aber langfristig unvernünftig. Sie nützen auf lange Sicht nicht einmal uns selbst. Nicht wenige Führungskräfte sind durch solch kurzsichtiges Denken gescheitert. Verantwortliches Handeln, das auch das Wohl der Kunden und Mitarbeiter ernst nimmt und auf Umwelt und Gesellschaft Rücksicht nimmt, erweist sich oft langfristig auch für die angestrebten Profite als vorteilhaft.

Bei genauerem Hinsehen kann man solche Zusammenhänge nicht selten in der Geschichte erfolgreicher Unternehmen und großer Führungspersönlichkeiten erkennen. Es lohnt sich, sich gelegentlich mit solchen Beispielen zu befassen.

***

Die Bedeutung von guten Ratgebern

Ein guter Ratgeber wird dir den Weg des Samurai zeigen, weil er seine Ratschläge selbstlos und mit weltoffener Intelligenz gibt. Er kann dies vor allem deshalb tun, weil er persönlich nicht an den entsprechenden Angelegenheiten beteiligt ist.

Nicht nur einzelne Führungskräfte, auch ganze Unternehmen können in Zyklen von Selbstverliebtheit und kurzfristigem Denken gefangen sein.

Die Tatsache, dass jede Unternehmensgeschichte einzigartig ist, kann auf der einen Seite Anlass zum Stolz auf vergangene Erfolge geben. Darin liegt aber gleichzeitig auch eine Gefahr: Man freut sich über Kompetenzen und Kapazitäten, die man sich durch gutes Management erarbeitet hat und übersieht dabei, dass der Verlauf der Unternehmensentwicklung nur die Realisierung einer Möglichkeit unter vielen war. Selbst bei großen Erfolgen wird man dabei selten den bestmöglichen aller Wege identifiziert und eingeschlagen haben. Es gibt immer etwas, was man noch besser hätte machen können. Gerade der Erfolg sollte einem dafür nicht den Blick versperren.

Im Internetzeitalter wird das vielen Unternehmen schmerzlich bewusst: Kreative Start-ups, die die Großunternehmen noch vor wenigen Jahren mit der Portokasse hätten erwerben können, sind heute in der Lage, selbst diese früher als unbesiegbar geltenden Großunternehmen per Aktientausch zu übernehmen. Wer daraus als Großunternehmen lernt, kann nicht selten durch eigene Unternehmensgründungen erfolgreich mit den Start-ups konkurrieren und seine Marktpositionen behaupten. Dazu gehört aber eben, dass man aus den Versäumnissen der Vergangenheit und dem guten Beispiel anderer seine Lehren zieht. Erfolgreiche Unternehmen zeichnen sich dadurch aus, dass sie entsprechende Lernprozesse auch dann forcieren, wenn ihre Bilanz zur Zeit eigentlich noch sehr erfolgreich aussieht.

Gegen Betriebsblindheit hilft der Rat von Außenstehenden, weil er theoretisch von einer neutraleren Perspektive aus erfolgen kann und dadurch indirekt auch die Erfahrungen anderer einfließen können. Problematisch ist nur, dass es oft ein Missverständnis darüber gibt, was denn eigentlich Außenstehende sind. Betriebsblindheit und Engstirnigkeit liegen nicht selten im System und dazu gehört oft ein weiterer Kreis an Beteiligten, als den Rat suchenden Organisationen gewöhnlich bewusst ist.

Ein Beispiel dafür ist die früher sprichwörtliche „Deutschland AG", die in den letzten Jahren nicht mit den Erfolgen anderer Nationen mithalten konnte. Ein warnendes Beispiel ist auch die „Japan AG" – ebenfalls ein Land, in dem man sehr stark zum Aufbau eines komplizierten Netzwerks gegenseitiger Abhängigkeiten neigt: In den letzten Jahren hatte man sich dort aufgrund ungesunder Verfilzung im Wirtschaftsbereich in große Schwierigkeiten manövriert.

Zu einem umfassenden Netzwerk, in dem es sich alle bequem gemacht haben, gehören nicht selten neben den Unternehmen auch entsprechende externe Berater. Auch sie kommen nur dann mit einer neutralen und frischen Perspektive, wenn es keine allzu großen Abhängigkeiten gibt. Auf einer trivialen Ebene können bereits rein finanzielle Überlegungen den

Rat verfälschen: man redet dem Auftraggeber nach dem Munde, damit er gerne Auftraggeber bleibt. Viel komplexer und schwerer zu entdecken sind Verflechtungen auf mentaler Ebene: in einem geschlossenen System – das sowohl Manager als auch Berater gemeinsam umfassen kann – entwickelt sich die Gewohnheit mentaler Enge: man befruchtet sich geistig nur noch gegenseitig und die Gesamtqualität der Perspektiven nimmt dabei zunehmend ab.

Ein Schutz gegen solche systembedingte Degenerationen besteht in der Hinzuziehung von Quellen außerhalb des Systems. Besonders die erfolgreichen Unternehmensberatungen haben gelernt, die Engstirnigkeit durch Vielfalt zu überwinden und stellen nicht nur Wirtschaftswissenschaftler, Betriebswirte und Technikexperten, sondern auch Geistes- und Naturwissenschaftler ein. Auf diese Weise wollen sie auch geistig flexibel bleiben.

Unternehmen können ebenfalls zunehmend leichter entsprechende Wege gehen und die Belegschaft diversifizieren, weil die rapiden technologischen Veränderungen traditionelles Wissen sowieso zunehmend relativieren. Ein aufgeschlossener Anglist kann da unter Umständen schneller beim Aufbau eines E-Business helfen als ein traditionellen Marketingperspektiven verbundener Betriebswirt.

* * *

Halte dich an bewährte Prinzipien

Neben der Notwendigkeit, sich auf den Wandel durch eine ständige bewusst herbeigeführte Offenheit im System und das regelmäßige Einholen einer externen Perspektive vorzubereiten, gibt es bestimmte Prinzipien, die auf Dauer für den Erfolg einer Führungskraft wichtig sind:

Wir lernen über die Worte und Taten der Alten, um uns ihrer Weisheit anzuvertrauen und Selbstsüchtigkeit zu vermeiden. Wenn wir unsere Vorurteile über Bord werfen, den Worten der Alten folgen und uns mit anderen Menschen beraten, werden die Dinge gut laufen und Probleme vermieden werden.

Die Lebensumstände der Menschen und damit auch die Bedingungen für das Wirtschaften haben sich im Laufe der Zeit immer wieder verändert. Heute geschieht das zwar in einem atemberaubenden Tempo. Aber auch früher gab es in der Geschichte gravierende Veränderungen und große Umbrüche.

Trotzdem bleibt eines gleich: große, bewunderte Männer der Geschichte hatten oft vieles gemeinsam. Egal, ob wir uns die westliche Zivilisation oder andere Weltzivilisationen ansehen, immer wieder gab es Menschen, die andere durch ihr selbstloses Vorbild mitrissen und begeisterten und so oft gerade zu Auslösern von großen Umbrüchen wurden. Egal aus welcher Zeit oder Weltgegend die jeweiligen Führungspersönlichkeiten kamen, fast immer traten sie für Menschlichkeit und den Dienst am Mitmenschen ein und waren bereit, ihr Leben und ihre Zukunft nicht nur für den eigenen Vorteil, sondern auch für das Wohl aller einzusetzen.

Menschen spüren fast instinktiv, wenn ein anderer bereit ist, sich für eine Idee einzusetzen, die seiner Überzeugung nach dem gesamten Gemeinwesen dient. Mit dieser Einstellung kann er auch andere dazu motivieren, einen vollen Einsatz zu leisten. Deshalb bringen Prinzipien, die sich im Laufe der Jahrhunderte bewährt haben, auch in Zeiten der New

Economy wesentliche und oft sogar entscheidende Wettbewerbsvorteile.

***

*„Einer, der sich an der Debatte beteiligt hat, hat für mich rich-
tigerweise geschrieben: ‚Konservativ kommt nicht von Konser-
ve. Die Konservativen der Zukunft erkennt man am Mut zur
Veränderung.‘ Die Wirklichkeit annehmen, fähig zur Erneuerung sein und zugleich Wertvolles bewahren – genau das ist
konservativ.“*

Angela Merkel

***

*Bevor Tim Koogle zu Yahoo stieß, war er bereits Chef von In-
termec, einem 400-Millionen-Dollar-Unternehmen in Seattle.
Eigentlich suchte er gar keinen neuen Job, sondern traf sich
nur deswegen mit Filo und Yang, weil er dem Headhunter, der
ihm den Intermec-Posten besorgt hatte, einen Gefallen tun
wollte. Koogle: „Da waren diese beiden smarten Burschen.
Beide leidenschaftlich bei der Sache, doch offensichtlich ging
es ihnen weder ums Geld, noch um ihr Ego, noch um irgendwelchen Ruhm. Mich beeindruckte auch, dass sie sich darüber
im Klaren waren, nicht alles zu wissen.“*

*Yahoo-CEO Tim Koogle zu der Frage, warum er
sich als erfahrener, erfolgreicher Manager von
den Yahoo-Gründern Jerry Yang und David
Filo als Unternehmenschef anwerben ließ.
(Yahoo: Die Cyberspace-Entrepreneure, WISU
4/00)*

Loyalität bis zum Ende

Sagara Kyuma war seinem Herrn in völliger Loyalität ergeben und diente ihm so, als wäre sein Körper bereits tot. Er war darin ein Mann unter Tausenden.

Einmal gab es ein wichtiges Treffen in der Villa von Meister Sakyo Mizugae und Kyuma wurde dazu verurteilt, sich durch Seppuku [rituelle Selbsttötung] das Leben zu nehmen. Zu dieser Zeit gab es in Osaki ein Teehaus im dritten Stock der Stadtresidenz von Meister Taku Nut. Kyuma mietete das Teehaus und versammelte allerlei Nichtsnutze aus Saga um sich. Dann veranstaltete er ein Puppenspiel, bei dem er sogar eine der Marionetten selbst führte. Sie zechten und feierten die ganze Nacht hindurch. Auf diese Weise veranstaltete er oberhalb der Villa von Meister Sakyo ein großes Spektakel. Indem er diese Unruhen schürte, dachte er edlerweise nur an das Wohl seines Meisters und konnte danach in allen Ehren Selbstmord verüben.

Manchmal ist ein Abgang einer Führungskraft aufgrund bestimmter Umstände unvermeidlich. Loyalität zeigt sich dann vor allem darin, wie der/die Betroffene diesen Abgang handhabt.

In der oben beschriebenen Geschichte wurde ein Samurai durch eine Intrige gegen seinen Lehensherrn von Dritten (die die Macht dazu hatten) zum Selbstmord aufgefordert. Aus Loyalität benahm er sich danach bewusst so unehrenhaft, dass es seinem eigenen Herrn möglich war, diesen Selbstmord zu fordern. So blieb seinem Herrn die Demütigung erspart, dass die Intriganten einen seiner besten Samurai aufgrund äußerer Umstände ohne sein Zutun oder seine Einstimmung zum rituellen Selbstmord verurteilen konnten.

***

31

Die Macht des loyalen Teams

Ein Gefolgsmann unterstützt die Interessen seines Fürsten mit aller Kraft und vertraut ihm bei Fragen über Gut und Böse. Er verzichtet dabei auf Eigennutz. Wo es nur zwei oder drei Männer von diesem Schlag gibt, ist das Fürstentum sicher. In der Welt gibt es ein interessantes Phänomen: solange die Dinge gut laufen, drängen sich viele in den Vordergrund und erweisen sich durch ihre Weisheit, ihr Urteilsvermögen und Kunstfertigkeit als nützlich. Wenn der Herr sich dann aber von seinem Amt zurückzieht, gibt es viele, die ihm schnell den Rücken kehren und sich stattdessen beim neuen „Mann des Tages" einschmeicheln.

Nicht nur beim Geld, auch bei der Macht hört die Freundschaft oft auf. Aus welchem Holz jemand wirklich geschnitzt ist, zeigt sich aber meist erst dann, wenn es durch zur Schau gestellte Loyalität keinen Vorteil mehr zu gewinnen gibt. Unabhängig von der Höhe ihrer Position und dem Ausmaß ihrer Talente, Fähigkeiten und Erfahrungen werden fast alle schwach, wenn es darum geht, die eigene Zukunft für die eigenen Prinzipien zu riskieren. Das Hagakure urteilt über diese weitverbreitete Ängstlichkeit: **Schon allein der Gedanke an diese Tatsache ist unangenehm. Das Ganze ist schändlich.**

Aus diesem Grunde wachsen auch manchmal Menschen, die vorher nicht im Rampenlicht standen, in der Krise über sich hinaus. Sie sind nicht so krampfhaft bemüht, ihre Posten und Privilegien zu verteidigen und zu erhalten und können gerade deshalb im Ernstfall Ungewöhnliches leisten.

Es sind immer die großspurigen, selbstbewusst auftretenden Würdenträger, die dem führenden Mann den Rücken zukehren, sobald sich seine Augen im Tod geschlossen haben.

Loyalität ist im Verhältnis zwischen Gefolgsmann und Fürst von besonderer Wichtigkeit. Obwohl dies oft wie ein unerreichbares Ideal erscheinen mag, liegt der Schlüssel doch direkt vor unseren Augen: sobald du dich zur kompromisslosen Loyalität entschlossen hast, wird du noch im gleichen Augenblick zu einem herausragenden Gefolgsmann werden.

* * *

Soziale Kompetenz bei der Mitarbeiterbeurteilung

Jemandem bei Bedarf offen die Meinung zu sagen und seine Fehler zu korrigieren, ist wichtig. Es ist ein Akt des Mitleids und der größte Dienst, den man jemandem erweisen kann. Aber die richtige Vorgehensweise ist schwer zu verwirklichen.

Den meisten von uns fällt es nicht schwer, die Stärken und Schwächen anderer zu erkennen. Als führungsstark gilt dann oft derjenige, der die Schwächen und Fehler anderer unverblümt anspricht. Viele Menschen bilden sich etwas darauf ein, wenn sie den Mut haben, eine entsprechende Kritik offen auszusprechen. Sie sind stolz auf sich, wenn sie Dinge beim Namen nennen, die sich andere nicht anzusprechen trauen. Nicht selten zeugt ein solches Verhalten aber lediglich von mangelndem Taktgefühl. Wenn ihre derartige Kritik dann nicht wohlwollend aufgenommen wird, glauben sie, ihren Teil getan zu haben und geben sich keine weitere Mühe. Im Endeffekt ist eine solche Verhaltensweise aber nutzlos. Man redet sich die Sache von der Seele, nicht mehr und nicht weniger.

Wer jemandem seinen Rat nahelegen will, der muss zuerst feststellen, in welcher Verfassung sich die andere Person befindet und ob sie für den Rat zur Zeit überhaupt empfänglich ist. Man muss zuerst eine enge Vertrauensbeziehung zum anderen aufbauen. Gerade bei heiklen persönlichen Themen muss man mit großem Einfühlungsvermögen vorgehen und sicherstellen, dass man richtig verstanden wird. Manchmal ist es sinnvoller, Ratschläge schriftlich oder erst bei der Abreise zu erteilen:

Lobe seine Stärken und nutze jede Möglichkeit, ihn zu ermutigen, vielleicht indem du von deinen eigenen Fehlern sprichst ohne seine überhaupt direkt zu erwähnen, aber so, dass sie ihm von selbst deutlich werden. Stelle sicher, dass er deine Kritik so aufnimmt, wie ein Mann, der durstig Wasser trinkt, und deine ausgesprochene Meinung wird tatsächlich Fehler korrigieren.

Das ist extrem schwierig. Wenn die Schwächen des anderen auf jahrelangen Gewohnheiten beruhen, dann ist meistens keine Abhilfe mehr möglich ... Mit seinen Kollegen vertrauensvoll umzugehen, sich gegenseitig bei der Überwindung von Schwächen zu helfen und sich bei der Unterstützung des Fürsten einig zu sein, das drückt die große Menschlichkeit des Gefolgsmannes aus. Wer aber einem anderen nur Schande zufügt, wie kann der erwarten, aus dem anderen einen besseren Menschen zu machen?

Mitarbeitergespräche sollten vor allem auch dem Mitarbeiter dienen. Wer das Thema von dieser Perspektive her angeht und gleichzeitig als Führungskraft eine gemeinsame Vision mit seinen Mitarbeitern darüber aufbaut, wie man zum Wohl des Unternehmens beitragen kann, der setzt emotionale Intelligenz ein und hat deshalb auch größere Erfolgsaussichten.

***

Auch die Form zählt

Vor anderen zu gähnen zeigt schlechten Geschmack ... Das Gleiche gilt fürs Niesen. Man erscheint lächerlich. Es gibt auch noch andere Angelegenheiten wie diese, die eine Person mit Sorgfalt und entsprechendem Training angehen sollte.

Das Hagakure nimmt da vorweg, was in letzter Zeit auch gerade für die Karriere in den oberen Rängen bedeutsam wird: Gute Etikette ist kein nutzloser Ballast, sondern wichtig für den Umgang miteinander und nicht selten karriereentscheidend. Und wer nun glaubt, im Internetzeitalter und angesichts erfolgreicher Turnschuhunternehmer würde sich das Thema Etikette wieder einmal vorübergehend erledigen, der irrt. Selbst beim Versenden von E-Mails und beim Chat im Internet gibt es Verhaltensregeln, deren Bruch nicht selten negative Folgen nach sich zieht. Hinzu kommt, dass auch diese Regeln der „Nettiquette" zunehmend komplizierter werden.

***

Der Mut zur Lücke

Als eine bestimmte Person anmerkte, man sollte gegenwärtige ökonomische Gegebenheiten im Detail darstellen, erwiderte eine andere, dass das überhaupt nicht gut wäre.

Details sind sicher wichtig im Management. Aber großartige Führungspersönlichkeiten zeichnen sich oft durch den Mut zur Lücke in kritischen Situationen aus. Aufgrund ihrer Erfahrung und geschulten Intuition können sie schnell handeln und

Chancen frühzeitig ergreifen. Das ist oft wichtiger, als alles bis ins Detail zu Tode zu analysieren und dann dem davonfahrenden Zug nur noch hinterherzuschauen.

***

Symptomatisch sei dieses Verpassen von Chancen, gerade auch für das Verhalten von Wirtschaft und Forschung: „Die Deutschen entwickeln ein 80-prozentiges Produkt in 20 Prozent der Zeit, schneller als viele andere Nationen", sagt Bojanowsky [Alexander Bojanowsky, Geschäftsführer des Bundesverbandes Informationstechnologien (BVIT)]. Aber anstatt dieses Produkt auf den gierigen IT-Markt zu werfen und dort zu vervollkommnen, „verliert die deutsche Wirtschaft ständig wertvolle Zeit damit, ein Produkt hundertprozentig zu entwickeln". Eine Mercedes-Limousine gilt zwar als teuer, aber störungssicher. Auf dem noch nicht aufgeteilten digitalen Markt herrschen andere Gesetze. Gewinner sind diejenigen, die zuerst da sind, im deutschen Fall waren das meist die anderen. „The Art of Quick and Dirty" nennen US-Experten dieses Prinzip der Markteroberung – schnell, schmutzig und eben auch sehr erfolgreich.

> *„Republik ohne Anschluss – Sind die Deutschen zu doof zum Programmieren? Was indische Spezialisten uns voraus haben",*
> *Stern Nr. 13, 23.3.2000*

***

Mitarbeiter brauchen Freiräume

Der Fisch lebt nicht gerne dort, wo das Wasser klar ist. Aber dort, wo es Pflanzen im Wasser gibt, versteckt sich der Fisch in ihrem Schatten und lebt dort blendend.

Auch die Mitarbeiter brauchen Freiräume – sie fühlen sich dort wohl, wo sie sich ohne ständige Kontrolle und Aufsicht frei entfalten können und die Gelegenheit haben, ihre jeweiligen Talente ungehindert zur Geltung zu bringen. Wer Teams zu Höchstleistungen führen will, muss dieser Tatsache Rechnung tragen.

***

Der Ernst der Aufgabe

Als der Lord Mitsushige noch ein kleiner Junge war, sollte er dem Priester, der für seine Erziehung verantwortlich war, etwas laut aus einem Buch vorlesen. Der junge Lord aber rief die anderen Kinder und Adepten zu sich und bat sie, ihm zuzuhören, weil es seiner Meinung nach schwer war, ohne Zuhörer vorzulesen. Der Priester war von dieser Einstellung beeindruckt und sagte zu seinen Schülern: das ist der Geist, in dem man alles tun sollte.

Es ist im Management wichtig, nicht nur das zu tun, was die Amerikaner „Going through the motion" (nur äußerlich so tun, als ob) nennen.

Menschen können ungewöhnliche Kreativität und produktive Kraft entwickeln, wenn sie wirklich vom Nutzen einer Aufgabe überzeugt sind. Man sollte in diesem Sinne gutes Selbstmanagement betreiben und es sich erst gar nicht angewöhnen, Verantwortungen nur halbherzig wahrzunehmen. In einem solchen Falle ist es weitaus ehrlicher und langfristig auch für die eigene Karriere effektiver, wenn man sich darum bemüht, nur Aufgaben anzustreben, die man dann auch mit ganzer Kraft anzugehen bereit ist, weil man an ihren Sinn glaubt.

Besonders angesichts des unaufhörlichen Stroms an neuen Managementmethoden, die den Führungskräften von Managementwissenschaftlern und -beratern regelmäßig angeboten werden, kommt es darauf an, sich nicht ständig in neuen Projekten zu verzetteln, an deren Bedeutung man nicht wirklich glaubt. Es ist nicht wichtig, dass man jede Mode mitmacht. Das aber, was man tut, sollte man mit ganzer Kraft und Ernsthaftigkeit durchführen. Eine einzige neue Managementmethode, zielstrebig und ganzheitlich umgesetzt, nützt mehr als ein Dutzend Konzepte, die nur halbherzig und unvollständig implementiert werden.

***

Treue und Führung

Für einen Krieger zählt nur der Gedanke an seinen Fürsten.

Klare Prioritäten helfen: Eine Führungskraft ist in erster Linie dem Erfolg ihrer Arbeit und der ihrer Mitarbeiter verpflichtet. Überlegungen zur eigenen Karriere sollten da erst nachgeordnet mit einfließen. Eine gute Geschäftsführung wird dafür sorgen, dass solch verantwortungsbewusstes Denken und Handeln auch entsprechend im Unternehmen honoriert wird.

Der Vorteil der Vielfalt

Das Hagakure erzählt die folgende Geschichte: In der japanischen Medizin werden Männer und Frauen gemäß dem Prinzip Yin und Yang unterschiedlich behandelt. Die Ärzte erkennen dabei normalerweise auch einen Unterschied im Puls zwischen den beiden Geschlechtern.

Der Arzt Matsuguma Kyoan hatte festgestellt, dass zu seiner Zeit über einen Zeitraum von fünfzig Jahren der Puls der Männer dem der Frauen immer ähnlicher wurde. Entsprechend gab es bei der Behandlung von Augenleiden nur dann einen Heilerfolg bei Männern, wenn sie entsprechend der medizinischen Regeln für Frauen behandelt wurden. Methoden für Männer halfen bei den meisten Männern dagegen nicht mehr:

Da wusste ich, dass der Geist der Männer geschwächt worden war und sie wie die Frauen geworden waren ... Alle Arbeit eines Mannes ist ein blutiges Geschäft. Diese Tatsache wird heute als unsinnig abgetan und man versucht die eigenen Angelegenheiten mit Worten allein zu klären und vermeidet anstrengende Aufgaben. Ich möchte, dass junge Männer dies verstehen.

Unterschiede und Vielfalt werden zu selten als Vorteil erkannt. Nicht dort, wo alle gleich sind, sondern dort, wo jeder seine einzigartigen Fähigkeiten optimal zum Gesamterfolg mit einbringen kann, werden die besten Resultate erzielt.

Das trifft umso mehr in einer Wissensgesellschaft zu, bei der persönliche Kreativität und Intuition zu entscheidenden Wettbewerbsfaktoren werden. Kulturen, die das verstehen und nutzen, werden in der Zukunft denjenigen überlegen sein, die krampfhaft versuchen, alle Unterschiede zu nivellieren – ob es sich nun um die traditionellen nationalen Kulturen oder um die Kultur eines einzelnen Unternehmens handelt.

Das gleiche Prinzip gilt auch für die Art und Weise, wie Männer und Frauen aufgrund von natürlichen Stärken und Veranlagungen spezifisch zu Management- und Arbeitsleistungen beitragen können. Wo Männer verweiblichen und Frauen vermännlichen, geht gleichzeitig auch wertvolles Potenzial verloren. Political Correctness mag eine Krücke gewesen sein, die geholfen hat, extreme Missstände beim Namen zu nennen und für die Wiederherstellung harmonischerer Umgangsformen zu sorgen. Das Management darf aber auf dieser Ebene nicht für immer stehen bleiben. Gerade in den USA wird man sich zunehmend der Vorteile von Diversity [Vielfalt] bei der Belegschaft bewusst. Eine Offenheit für eine solche Vielfalt schafft den Freiraum für neue, ungewöhnliche Ideen und sie hilft dem Unternehmen, auch weitgefächerte Zielgruppen anzusprechen. Gerade angesichts der Globalisierung der Wirtschaft bietet diese Haltung eine zusätzliche Chance. Wer eine bewusste Wertschätzung der individuellen und oft einzigartigen Potenziale aller Mitarbeiter nicht mit Gleichmacherei verwechselt, kann dadurch entscheidende Wettbewerbsvorteile gewinnen.

***

Die Macht des fokussierten Gedankens

Lord Saneori sagte: „Inmitten eines einzigen Atemzuges, wo es keinen Raum für Unreinheiten gibt, liegt der Weg." Wenn dem so ist, dann ist der Weg eine Einheit. Aber es gibt niemanden, der diese Klarheit von Anfang an zu erfassen vermag. Reinheit kann nicht erlangt werden, wenn man nur Bemühung über Bemühung häuft.

Reine und klare Motive erwachsen aus einer beachtlichen Lebensleistung. Wer versucht, sich ohne große Mühe mit politischem Taktieren und Tricks durchzulavieren, wird die Macht der Klarheit nie verstehen und nutzen können.

Auf der anderen Seite kann wahre Führungsgröße auch nicht durch krampfhaftes Bemühen allein erreicht werden. Vor allem wenn man mit all seinen Versuchen, Resultate zu erzwingen und andere zu manipulieren, in eine Sackgasse geraten ist, hilft es oft, sich an einen ruhigen Ort zurückzuziehen und in seinen Gedanken wieder einen Fokus für das eigene Leben zu finden.

Wer seine Lebensaufgaben mit Gelassenheit und Klarheit angeht, wird über kurz oder lang erfolgreich sein. Deshalb geht es in kritischen Momenten oft darum, sich gerade aus der vielfältigen Verzettelung der eigenen Energien, in die man schnell geraten kann, geistig zurückzuziehen und den Dingen gelassener ihren Lauf zu lassen, während man sich in seinem eigenen Geist auf die wesentlichen Kernwerte und Kernprozesse des eigenen Lebens konzentriert.

* * *

Selbsterkenntnis

„Wenn dein eigenes Herz fragt" ist die Schlusszeile eines Gedichtes, für das wir sehr dankbar sein sollten ... Seit kurzem schmücken sich Menschen, die als clever gelten, mit oberflächlicher Weisheit. Sie täuschen damit nur die anderen. Gleichzeitig sind sie selbst einfachen Menschen unterlegen. Eine einfache Person ist meist zumindest direkt. Wenn jemand gemäß dem obigen Satz tief in sein eigenes Herz blickt, dann wird es keine verborgenen Stellen geben. Der Satz wird ihm zu einer guten Selbstanalyse verhelfen. Man sollte so leben, dass man nicht in Verlegenheit gerät, wenn man den Resultaten einer solchen Selbstanalyse ins Auge blickt.

Selbsterkenntnis ist oft eine wichtige Voraussetzung für durchschlagenden Erfolg. Nur wer seine Stärken und Schwächen genau kennt, kann sein eigenes Leben so managen, dass er eine Chance auf umfassenden Erfolg hat. Wer diese Mühe scheut, kann durchaus punktuelle Erfolge (etwa im Beruf) erzielen. Ein gesamthaft erfolgreiches Leben ist so aber selten möglich.

***

Eine Studie in den USA über 50 herausragende amerikanische Wirtschaftsführer brachte das erstaunliche Ergebnis, dass 43 der 50 Spitzenmanager immer noch mit ihrem ersten Ehepartner zusammenlebten. Im Gegensatz dazu wird in den USA ansonsten mittlerweile fast jede zweite Ehe geschieden.

(Thomas J. Neff & James M. Citrin: Lessons from the Top – The Search for America's Best Business Leaders)

***

Die Welt als Illusion

Das Wort gen bedeutet „Illusion" oder „Erscheinung". In Indien nennt man einen Mann, der solche Mental-Techniken gebraucht, einen Meister der Illusion.

Alles in dieser Welt beruht im Endeffekt auch auf Täuschung. Wir manipulieren andere, und wie in einem Marionettentheater werden auch wir von anderen manipuliert. Ein wahrer Samurai ist sich dieser Gegebenheiten bewusst und weiß sich so dagegen zu schützen.

Auch ohne die schöne neue Werbewelt war Yamamoto Tsunetomo zu der Erkenntnis gelangt, dass vieles in unserer Welt auf der Täuschung unserer fünf Sinne und der Vorspiegelung falscher Tatsachen beruht. Vor allem im Kampf waren die Samurai sich des Wertes und der Gefahr von Propaganda und Manipulation bewusst.

Wer die ungewöhnlichen Verläufe der Aktienkurse von Internetunternehmen und High-Tech-Unternehmen beobachtet, kann durchaus erkennen, wie schwierig es auch heute oft sein kann, Schein und Sein auseinander zu halten.

**

Selbstgerechtigkeit und Prizipienreiterei

Ungerechtigkeit zu hassen und gerecht zu handeln, ist schwierig. Zudem ist es ein Irrtum zu glauben, Gerechtigkeit wäre das Beste, was man als Mensch erreichen kann. Wer sich dafür zu sehr einsetzt, macht oft viele Fehler. Der Weg steht höher als die Gerechtigkeit. Das ist schwer zu verstehen, aber es ist die höchstmögliche Weisheit.

Die Herstellung von vollkommener Gerechtigkeit ist nicht immer der erstrebenswerteste Zustand. Das gilt nicht nur für Gesellschaften, sondern auch in den Unternehmen. Es mag nicht gerecht erscheinen, wenn manchen Menschen mehr Privilegien eingeräumt werden. Solange es aber insgesamt dem Nutzen aller dient, ist es der bessere Weg des Managens.

Gerade bei amerikanischen Unternehmen ist es üblich, echte Könner und Genies mit entsprechenden Aktienoptionen und Bonuszahlungen im Interesse des Unternehmens bei der Stange zu halten und sie als Primadonnen zu behandeln. Das geht so weit, dass einem hochbegabten Programmierer auch stündlich frisches Obst gebracht wird, wenn ihn das bei der Stange hält oder ein anderer seinen Papagei mit zur Arbeit bringen darf, wenn das seiner Kreativität auf die Sprünge hilft. Was zählt, ist das Endergebnis und da geht es allen Beteiligten besser, wenn solche größere und kleinere Zugeständnisse an Einzelne die Ertragskraft des Unternehmens steigern.

Sinnlos wird Ungleichheit nur dort, wo sie parasitäre Strukturen fördert, wo Menschen nur deshalb mit astronomischen Summen und Privilegien entlohnt werden, weil sie bestimmte Positionen nominell innehaben und nicht deshalb, weil sie echte, herausragende Leistungsträger sind.

Verkrampftes Bemühen um Gleichmacherei fördert stattdessen nur eine Neidkultur und schadet am Ende allen.

Selbstgerechtes Gehabe und kulturelle Überheblichkeit schadet vor allem auch in unserer globalisierten Welt den Geschäftsbeziehungen und verhindert die notwendige Kooperation zwischen Führungskräften aus unterschiedlichen Ländern und Kulturen.

***

Die unterschiedlichen Ebenen des Lernens

Ein alternder Schwertkämpfer sagte einmal: Im Leben gibt es unterschiedliche Ebenen des Lernens. Es gibt aber eine Ebene, die alle anderen übersteigt und von transzendentaler Qualität ist. Auf der untersten Ebene studiert ein Mensch, aber er weiß nur wenig und glaubt zudem auch noch, dass vor allem die anderen kein echtes Wissen haben. Zu diesem Zeitpunkt ist er nur zu wenig zu gebrauchen. Auf der mittleren Ebene ist er immer noch kaum von Nutzen, aber er erkennt zumindest seine eigene Unzulänglichkeit und kann sie auch in anderen sehen. Auf einer höheren Ebene entwickelt er Stolz in seine eigenen Fähigkeiten. Er freut sich über den Respekt, den man ihm entgegenbringt und bejammert die Ignoranz der anderen. Ein solcher Mensch ist auch für schwierigere Aufgaben einsetzbar. Auf der höchsten Ebene dagegen tritt ein Mann so bescheiden auf, als wüßte er nichts. Das sind im Allgemeinen die Ebenen des Könnens.

Es gibt aber noch eine weitere Ebene, die alle anderen überflügelt und die ausgezeichnetste von allen ist. Ein Mensch auf dieser Ebene ist sich bewusst, dass man einen bestimmten Weg nie wirklich in all seiner Tiefe erfassen kann. Er kennt seine eigenen Unzulänglichkeiten und sieht sich lebenslang als ein Schüler des Weges. Er erliegt nicht der Einbildung, jemals mit dem Lernen aufhören zu können. Für ihn gibt es keinen Stolz, sondern mit Bescheidenheit erlernt er den Weg täglich erneut.

Der japanische Meister Yagyu soll diese Einstellung einmal so zusammengefasst haben: „Ich kenne nicht den Weg, wie man andere besiegt, aber ich kenne den Weg zum Sieg über mich selbst."

Gerade in unserer Informationsgesellschaft gilt das, was schon die besten Samurai wussten: Der Weg zur Meisterschaft liegt darin, jeden Tag weiter voranzukommen. Nur wer heute mehr kann als gestern und morgen mehr können wird als heute, ist für die Zukunft gerüstet. Das ist eine endlose Spirale aus Lernen und persönlichem Wachstum.

***

Der CEO-Job macht einen demütig, denn der Wettbewerb ist knallhart, und es gibt so enorm viel zu tun.

Larry Bossidy, Allied Signal

Zum Business gehört mehr als einer, ohne Team geht es nicht. Je mehr man einen Einzelnen hervorhebt, desto mehr lenkt das vom Team ab.

Bob Tillmann, Lowe

***

Die Macht der Details

Lord Naoshige ließ Maximen auf eine Wand schreiben. Eine davon lautete: Angelegenheiten von großer Bedeutung sollten leicht genommen werden. Meister Itteis Kommentar dazu lautete: Angelegenheiten von geringer Bedeutung sollten ernst genommen werden.

Die besten Samurai kannten die Bedeutung der persönlichen Einstellung für den Erfolg. Instinktiv die Gesetze des Chaos erahnend, waren sie sich bewusst, dass Kleinigkeiten am Ende oft einen entscheidenden Unterschied ausmachen können. Nicht selten nahm die Menschheitsgeschichte aufgrund von scheinbar kleinen Zufällen eine völlig andere Wendung. Und bei fast keinen anderen Gelegenheiten tritt das deutlicher zutage als in der Hitze der Schlacht. Angesichts weltweiter Konkurrenz und grenzenloser Kommunikation entwickelt sich aber auch die Wirtschaft zunehmend zu einem System von dynamischer Komplexität. Auch hier gilt es auf Kleinigkeiten zu achten, weil geringfügige Unterschiede bei den jeweiligen Anfangsbedingungen langfristig zu gigantischen Unterschieden beim Prozessende führen können.

Andererseits ist es in kritischen Augenblicken oft wichtig, einen kühlen Kopf zu bewahren und gerade die wichtigen Angelegenheiten mit Bravour und einer scheinbaren Leichtigkeit zu meistern. Wer sich in solchen Situationen krampfhaft anstrengt und mit aller Gewalt einen Sieg erzwingen will, dem gelingt es oft gerade deshalb nicht. Die Empfehlung der Samurai: Wähle dir zwei oder drei wichtige Projekte oder Aspekte deiner Arbeit und mache dir vor allem in ruhigeren, normalen Zeiten viele Gedanken darüber, wie du im Krisenfall verfahren wirst. So kannst du dann, wenn die Krise kommt, locker bleiben, weil du mental darauf vorbereitet bist, die Herausforderung zu meistern. Auf Unwägbarkeiten und Überraschungen musst du aber immer gefasst sein. Wenn du durch eine entsprechende Vorbereitung bei den großen Themen aber ein gutes Fundament legst, dann kannst du später das Prinzip „Wichtige Angelegenheiten sollten mit Leichtigkeit angegangen werden" erfolgreich zur Grundlage deiner Handlungen machen.

***

Stolz auf den eigenen Hintergrund

Gerade in unserer Zeit der weltgewandten, internationalen Manager ist es wichtig, die eigene Identität nicht vorschnell und leichtfertig zu verleugnen. Gerade der Unterschied zu irgendeinem allgemeinen Standard kann zur großen persönlichen Stärke werden. Aus diesem Grunde ist es gut, seinen eigenen Hintergrund nicht zu verleugnen, sondern sich darum zu bemühen, spezifische Stärken zu erhalten.

**

Coca-Cola hat mit dem neuen Slogan den Grundstein für eine komplett veränderte Kommunikationsstrategie gelegt. "Think locally and act locally" heißt der neue Grundsatz, nach dem das Unternehmen nach Auskunft von Doug Daft, Cokes frisch ernanntem Chief Executive Officer, in Zukunft weltweit agieren will. Coke will sich damit vom „Coca-Kolonisations-Image" verabschieden – die braune Brause wird zur Marke mit nationalem Charakter.

Erstmals in der Coke-Geschichte fallen bei den Adaptationen des werblichen Auftritts in den jeweiligen Ländern sämtliche US-typischen Symbole oder Charakteristika heraus – sie werden durch regionale Wahrzeichen des jeweiligen Landes ersetzt.

*(„Ab sofort zählt weltweit der Genuß",
Horizont 3/2000)*

**

Der Wert einer Fehlerkultur

Ein Mann, der noch nie einen Fehler gemacht hat, ist gefährlich.

Noch immer wird der Wert einer soliden Fehlerkultur unterschätzt. Wenn Menschen Fehler machen und daraus lernen, sind sie oft zuverlässiger und effektiver als Menschen, die diese Erfahrung noch nie gemacht haben: Sie wissen, dass sie Grenzen haben und sind vorsichtiger in ihrer Verantwortung.

Zudem machen viele nur deshalb keine Fehler, weil sie grundsätzlich mit ihrer Karriere kein Risiko eingehen. Die Bereitschaft zum Wohle des Unternehmens auch gezielte Risiken einzugehen, ist aber ein wichtiger Aspekt einer für das Unternehmen wertvollen Führungskraft.

Ohne eine angemessene Fehlerkultur, bei der derjenige, der Risiken eingeht, darauf vertrauen kann, dass man ihm, wenn seine Aktionen letztendlich vernünftig sind, auch dann Rückendeckung gibt, wenn es dabei gelegentlich zu Rückschlägen kommt, verpufft dabei aber viel produktives Potenzial in den Unternehmen.

***

*„Es gibt Menschen, die haben weder Fehler noch Vorzüge."
Die Beraterbank braucht Menschen mit Charakter.*

(Aus einer Stellenanzeige der Dresdner Bank)

***

Entschlossenheit und Vorbereitung

Beim Weg des Samurai gibt es kein zögerliches Nachdenken, wenn der Augenblick zum Handeln gekommen ist. Und wer sich nicht schon vorher mental vorbereitet, kommt im Augenblick der Wahrheit leicht zu Schaden.

Wenn man Bücher liest und Seminare besucht, dann sollte man das vor allem mit der Absicht tun, sich dadurch auf die eigenen kommenden Herausforderungen vorzubereiten.

Vor allem sollte der Weg des Samurai darin bestehen, dass man sich bewusst ist, dass man nie genau wissen kann, was als Nächstes geschehen wird. Deshalb muss man sich Tag und Nacht mit den entscheidenden Fragen befassen.

***

Der Sirenenruf des schnellen Erfolges

Das Hagakure erteilt auch der Yuppie-Philosophie vom schnellen Geld eine deutliche Absage. Im Gegenteil: Reichtum und Ehre sind nicht die wichtigsten Ziele für einen guten Gefolgsmann. Oft können sie ihm sogar zum Stolperstein werden. Gerade durch Beschränkungen kann man sich oft erst richtig entfalten. Nicht selten sind junge Mitarbeiter heutzutage bereit, sich in besonderer Weise mit Beschränkungen abzufinden: sie arbeiten gerne für einige Jahre für lange Stunden und relativ wenig Gehalt in einem Start-up-Unternehmen, wenn sie durch die entsprechenden Aktienoptionen die Aussicht haben, später am Unternehmenserfolg beteiligt zu werden.

Es ist auch nicht gut, vor allem das Negative in seiner Situation zu sehen. Dadurch wird man oft mental gelähmt und unproduktiv. Man muss akzeptieren, dass die Welt auch voller unangenehmer Erfahrungen ist und sich den entsprechenden Herausforderungen mutig stellen. Dadurch kann man seine Stärken trotz aller Widrigkeiten zum Einsatz bringen und eine Vorbildfunktion für andere einnehmen.

***

Die Vorbildfunktion des Managers

Ein Samurai wird bewundert, weil er gute Manieren hat.

Macho-Gehabe und vulgärer Umgang miteinander war in der Vergangenheit auch in den Chef-Etagen kein seltenes Phänomen. Solche infantile Führungsstile haben sich aber in der Wissensgesellschaft endgültig überlebt. Dazu gehört auch die Angewohnheit, über die Kollegen und Vorgesetzten hinter deren Rücken respektlos zu sprechen. Wer respektlos von anderen spricht, wird schnell auch den Respekt seiner Zuhörer verlieren.

***

Das Prinzip des kontinuierlichen persönlichen Wachstums

Wer den Weg des Samurai richtig zu gehen versteht, wird sich sein Leben lang bemühen, den Weg immer perfekter zu erlernen.

Es ist nicht gut, wenn man sich mit einer Reihe vorgefertigter Meinungen zufrieden gibt. Es ist ein Fehler, sich zuerst um den Erwerb von Verständnis zu bemühen und sich dann mit dem Erreichten zufrieden zu geben. Verlasse dich nicht darauf, dem Verständnis, das du bereits gewonnen hast, zu folgen. Denke einfach immer: Das ist nicht genug.

***

Weisheit

Wenn du eine Sache verstehen kannst, wirst du auch acht verstehen.

Das Leben besteht aus einer Reihe von fundamentalen Prinzipien. Es ist wichtig, diese zu erlernen, weil sie immer wieder auf neue Situationen übertragbar sind. Es kommt deshalb nicht so sehr auf die Menge und Breite des Wissens denn auf seine Qualität an.

***

Persönliche Integrität

Was ist entscheidend für den Erfolg im menschlichen Leben?

Im Geiste so zu werden, dass man in jedem Augenblick von Reinheit und Unkompliziertheit geprägt ist.

Managementtrends kommen und gehen. Es gibt aber grundlegende Prinzipien, die zu allen Zeiten galten und die auch heute, an die jeweilige Situation angepasst, von entscheidender Bedeutung sind.

***

Das Geheimnis des momentanen Gedankens

Das ist sehr schwer zu erkennen. Und wenn man es einmal erkannt hat, ist es schwer, sich immer daran zu halten: Es gibt nichts außer dem momentanen Gedanken.

Unser Leben ist ein Ablauf von Momenten. Das ist eine wichtige Tatsache, die wir immer wieder vergessen. Das Wesentliche daran ist, dass wir deshalb auch die Möglichkeit haben, unserem Leben immer wieder eine neue Richtung zu geben. Was uns in der Regel davon abhält, dies in sinnvoller Weise zu tun, sind unsere Gewohnheiten. Ganz automatisch fallen wir immer wieder in die gleichen Verhaltensmuster, statt uns der potenziellen Bedeutung jedes Augenblicks für unsere Zukunft bewusst zu werden.

Wie uns die Chaosforschung lehrt, können Systeme im dynamischen Gleichgewicht manchmal durch geringste Veränderungen in eine neue Richtung gestoßen werden. Im Laufe der Zeit stößt das System des öfteren an solche sogenannten kritischen Verzweigungspunkte, bei denen durch geringen Aufwand viel erreicht werden könnte. Oft spiegeln unser Leben und unsere Arbeit ein solches dynamisches System wider. Entsprechend sollten wir uns auch der Bedeutung jeden Augenblicks bewusst sein. Nur so können wir sicherstellen, dass wir keine großartige Chancen für eine positivere Richtung in unserem Leben versäumen. Und wir können auch verhindern, dass andere, ob absichtlich oder unabsichtlich, uns zu kritischen Zeiten aus dem Gleichgewicht werfen, weil wir es versäumt haben, uns auf die Macht des Augenblicks zu konzentrieren.

***

Die stille Kraft des verantwortungsbewussten Managers

Vorbildliche Führung im äußeren Erscheinungsbild und in der inneren Einstellung ist eine Leistung, die nur mit viel mentalem Aufwand und unter entsprechenden Anstrengungen erreicht werden kann.

Obwohl du dies als lästig und zeitaufwendig bezeichnen magst, besteht die Arbeit eines Kriegers nun einmal in diesen Dingen. Solche Dinge sind weder leere Selbstbeschäftigung noch eine Zeitverschwendung. Wer sich ständig darauf vorbereitet, notfalls in der nächsten Schlacht zu sterben und sich in diesem Sinne bereits als toter Mann sieht und sich ansonsten auf seine Aufgaben und Verantwortungen als Krieger konzen-

triert und an seinen strategischen Fähigkeiten arbeitet, wird nicht zuschanden kommen. Wenn die Zeit der Krise aber kommt, dann wird der Mensch, der sich nicht sogar in seinen Träumen darauf vorbereitet hat, dem Tod ins Angesicht zu sehen, Schande auf sich laden. Besonders dann, wenn er seine Tage selbstsüchtig und mit billigen Vergnügungen verbracht hat.

Wer glaubt, das sei noch lange kein Grund sich zu schämen und sich um nichts als den eigenen Komfort sorgt, der wird sein respektloses und unwürdiges Verhalten eines Tages noch bereuen.

Aber die jungen Männer heutzutage sind leider voller Trug und stolz auf ihre materiellen Besitztümer. Menschen mit einem trügerischen Herzen erfüllen ihre Verantwortungen nicht. Und wer seine Verantwortungen nicht erfüllt, dem fällt es auch schwer, sich selbst zu respektieren.

Im Endeffekt entsteht so ein Teufelskreis: Weil man seine Verantwortungen nicht ernst genug nimmt, wird die Selbstachtung unterminiert. Ein Minderwertigkeitsgefühl im Hinblick auf die Führungsleistungen führt dann dazu, dass man das Defizit mit allerlei Tricks und Manipulationen wettzumachen sucht. Was dann wiederum zu verminderter Führungsleistung und vermehrten politischen und intriganten Aktivitäten führt. Am Ende steht dann nicht selten ein Scheitern als Führungskraft.

***

Suche dir deine eigenen Vorbilder

Es mangelt heutzutage entschieden an Vorbildern. Aus diesem Grunde wäre es gut, wenn man sich ein eigenes Modell schaffen und von ihm lernen könnte. Um dieses zu tun, sollte man sich das Beispiel vieler Menschen ansehen und jeweils nur ihre besten Eigenschaften als Vorbild nehmen. So kann man von einer Person Höflichkeit lernen, von einer anderen Mut, von einer weiteren die Kunst der richtigen Kommunikation oder das richtige Verhalten in kritischen Situationen oder eine besondere Geistesstärke. Auf diese Weise kann man sich selbst das Vorbild einer perfekten Person schaffen.

***

Die ganzheitliche Aufgabe des Führens

Eine Führungskraft kann sich nie wirklich von ihrer Aufgabe lösen. Gerade in unserer Zeit der weltweiten offenen Kommunikation gibt es in dieser Hinsicht keine Möglichkeiten, sich vor den kritischen Augen der Öffentlichkeit zu verstecken. Wer es auf sich nimmt, Vorbild zu sein, muss diese Aufgabe zu jeder Zeit ausreichend erfüllen. Es ist eine der wichtigsten Lehren der japanischen Samurai, dass man seinen Charakter nur ganzheitlich formen kann. Gerade Vorbilder werden nicht nur an ihren stärksten, sondern auch an ihren schwächsten Stunden gemessen werden. Wer sich dessen bewusst ist, kann seine Karriere als Führungskraft langsamer, aber dabei auch solider aufbauen.

Wer in seiner Auszeit nachlässig wird, den wird die Öffentlichkeit als allgemein nachlässig empfinden.

***

Respektiere deine eigenen Grenzen

Wer versucht, Ziele jenseits seiner eigenen Möglichkeiten zu erreichen, wird irgendwann unfair oder feige handeln müssen.

Wir alle haben unsere Wünsche und Ziele im Leben. Probleme entstehen dann, wenn unsere Ziele unsere gegenwärtigen Kapazitäten übersteigen. In diesem Falle gibt es zwei Möglichkeiten: Entweder wir arbeiten an unseren Fähigkeiten und entwickeln uns so weiter, dass wir letztendlich tatsächlich in der Lage sind, unseren Zielen gerecht zu werden. Oder wir müssen unfaire Tricks und Manipulationen benutzen, um den Eindruck zu erwecken, als wären wir tatsächlich für die höheren Aufgaben geeignet. Eine solche Strategie wird aber über kurz oder lang eine Reihe von Problemen mit sich bringen.

Der Rat des Hagakure: Wenn du mehr Erfolg haben willst, dann arbeite an dir selbst, bis du in der Lage bist, den angestrebten Erfolg auf offene und ehrliche Weise zu erreichen.

Wenn du versuchst, Erfolge zugeschrieben zu bekommen, die dir noch gar nicht zustehen, weil du ihrer noch nicht würdig bist, wirst du dir eine Reihe von Problemen schaffen, die dir am Ende schaden werden.

***

Erliege nicht der Illusion
deines eigenen Titels

Titel sind verführerisch. Es fällt sehr leicht zu glauben, dass, wenn man erst einmal den Titel Leiter oder Manager erhalten hat, man die entsprechende Funktion dann auch ausfüllt. Das ist aber nicht automatisch der Fall. Wahre Führungsqualitäten können nicht verliehen werden, man muss sie in sich selbst entwickeln. Nominelle Positionen können sich durchaus finanziell auswirken, echte Zufriedenheit kann in den entsprechenden Aufgaben aber nur erreicht werden, wenn man die Funktion aufgrund der eigenen Kompetenzen auch verdient hat und den Anforderungen voll gerecht wird.

***

Die Bedeutung der Beständigkeit

Durch Unbeständigkeit und Nachlässigkeit handeln wir gegen den Weg und erweisen uns als Anfänger. Das kann uns sehr schaden.

Egal für welches Unternehmen wir jeweils arbeiten: Am Ende kommt es vor allem darauf an, dass wir in unserem eigenen Leben eine klare Linie hinsichtlich der Werte und Prinzipien entwickeln, die unsere Arbeit als Führungskraft bestimmen. Loyalität gegenüber einem Unternehmen ist heutzutage kaum noch aktuell. Stattdessen geht es darum, dem jeweiligen Unternehmen ein Paket an professionellen Prinzipien zu bieten. Gerade das erfordert aber Klarheit über den Weg, den man für sich selbst gewählt hat. Gegenteiliges Verhalten bringt Gefahren mit sich und ist langfristig schädlich für die eigene Karriere.

***

Der lernende Manager

Lernen ist etwas Gutes, aber nicht selten führt es zu Fehlern.

Wir leben in einer Welt voller Informationen. Lernen als Wert an sich wird deshalb auch schnell zu einem zweischneidigen Schwert. Mehr als jemals zuvor ist es wichtig, das Richtige zu lernen. Gerade die Wahl des Wissens, das wir in den nächsten Jahren erwerben wollen, erfordert einen strategischen Ansatz. Selbst zur Zeit der Samurai war es nicht ausreichend, sich nur darauf zu konzentrieren, möglichst viel zu lernen. Es kam schon damals darauf an, das richtige Wissen zu erwerben. Das Wissen, das eine besondere Bedeutung für die eigene Zukunft hatte.

Heute hat dieses Problem nur an Brisanz gewonnen. Wer das Falsche lernt, macht damit auch gleichzeitig einen großen Fehler. Persönliches Wissensmanagement wird damit zur besonderen Herausforderung.

***

Kämpfe für deine Überzeugungen

Bei einer großen Konferenz drohte ein Teilnehmer, dass er den Vorsitzenden töten würde, falls man seine abweichende Meinung nicht akzeptieren würde. Sein Antrag wurde angenommen. Nach dem Ende der Konferenz sagte der Mann: „Die Zustimmung der Teilnehmer erfolgte sehr schnell. Ich glaube nicht, dass sie würdig sind, den Fürsten zu beraten."

Die Zeiten der Samurai mögen rauer gewesen sein als heute, die Prinzipien aber bleiben gleich: Wir alle leben in persönlichen und sozialen Umfeldern. Diese Situationen bringen entsprechende Risiken mit sich. Ohne Mut wird es nicht gelingen, das zu verwirklichen, was wir für richtig halten. Und unser Mut wird letztendlich bestimmen, welchen Einfluss wir auf die größeren Ereignisse in unserem Umfeld ausüben können.

***

Werde jedem Menschen gerecht

Die Geschwindigkeit der Veränderungsprozesse nimmt ständig zu. Entsprechend steigt der Stresspegel für alle Beteiligten. Trotzdem ist es ein Fehler, wenn sich die Manager von den zunehmenden Herausforderungen so in Beschlag nehmen lassen, dass sie ihren Verantwortungen nicht mehr gerecht werden.

Wenn ein Büro sehr beschäftigt ist, dann werden Antragsteller schnell abfällig und unfreundlich behandelt. Ein Samurai lässt sich nicht auf solche unwürdigen Verhaltensweisen ein.

Stattdessen bewahrt er die Ruhe und behandelt jede Person in angemessener Weise. Alles andere ist die Verhaltensweise von niederen Bediensteten.

Gerade bei der Personalauswahl werden entsprechende Fehler leicht gemacht. Aber die besten Mitarbeiter werden selten über die üblichen Kanäle rekrutiert. Besonders effektive Führungskräfte sind in dieser Hinsicht weniger voreingenommen und sind so in der Lage, gelegentlich auch herausragende Mitarbeiter mit ungewöhnlichen Biographien für das Unternehmen zu gewinnen.

Das Problem ist auch im Servicebereich wichtig: wenn der Kunde entweder angeschnauzt oder freundlich angelächelt wird, je nach Laune der Verkäuferin und wenn der Servicetechniker einmal brummig und das nächste Mal zuvorkommend ist, je nachdem, wie sein Tag bisher verlief, dann wird dieses Prinzip zutiefst verletzt.

Da geht es zuerst einmal auch gar nicht darum, dass der Kunde König ist. Zumindest sollten doch alle zustimmen, dass er zumindest Mensch ist. Also verdient er es auch, menschlich behandelt zu werden. Zumindest das sollte sich als Grundprinzip auch in unsere „Servicekultur" integrieren lassen.

$$***$$

Die Lektion des Regens

Du kannst eine wichtige Lektion von einem Regenschauer lernen. Während der Regen auf dich herunterprasselt, läufst du schnell die Straße hinunter, um nicht allzu nass zu werden. Du versuchst dich vielleicht auch zwischen den Dächern der

Häuser vor dem Regen zu schützen. Trotzdem wirst du am Ende durchnässt. Wenn du dich aber stattdessen auf das Unvermeidliche einstellst, wird es dir weniger ausmachen, obwohl du trotzdem durchnässt wirst. Diese Einsicht trifft auch auf viele andere Dinge zu.

Wir können die Zeiten und Ereignisse der Zeit, die unser aller Leben beeinflussen, oft nicht ändern. Was wir aber ändern können, ist die Art und Weise, wie wir mit diesen Herausforderungen umgehen. Wichtig für die Führungskraft ist, dass Einstellungen oft den entscheidenden Unterschied zwischen Erfolg und Versagen ausmachen.

***

Der ängstliche Drachenverehrer

In China lebte einmal ein Mann, der von Drachen fasziniert war. Selbst seine Kleidung und seine Möbel wurden entsprechend gestaltet. Eines Tages wurde der Drachengott auf seine Leidenschaft aufmerksam und beschloss, ihm einen echten Drachen vorbeizusenden. Man sagt, dass der Mann vor Furcht starb, als der Drache an seinem Fenster auftauchte. Er war wahrscheinlich die Art von Mann, die große Sprüche macht, dann aber ganz anders reagiert, wenn sie mit der Realität konfrontiert wird.

Können wir wirklich mit der Realität umgehen? Oft ist das eine Frage darüber, wie hart die Realität mit uns umgeht. Es ist leicht, sich aus der Ferne mit großen Herausforderungen auseinanderzusetzen. Weniger erfreulich ist es oft, sich in die Niederungen der realen Welt zu begeben. Wer wirklich heldenhaft sein will, wird um eine solche Auseinandersetzung aber nicht herumkommen.

***

Die Macht der Konzentration

Alle Aufgaben sollten mit Konzentration ausgeführt werden.

Es ist der Fokus, der oft den Unterschied ausmacht. Gerade der Manager, der oft in seinen Routineaufgaben hoffnungslos unterzugehen droht, muss sich die Zeit nehmen, sich gelegentlich auf den Kern seiner Arbeit zu konzentrieren. Eine wohl durchdachte Formulierung von Unternehmensprinzipien, eine gut ausgefeilte Strategie oder auf die individuellen Bedürfnisse des Unternehmens gut zugeschnittene Regeln für die Personalauswahl können später Stunden an Zeit und eine Menge an Mühe ersparen. Aber gerade diese wichtigen Aufgaben gehen oft im Alltag unter oder werden nur halbherzig und pro forma erledigt.

Oft ist es zudem nicht einmal leicht, zu wissen, was wirklich wichtig ist und deshalb vermehrter Aufmerksamkeit bedarf. Der Weg des Samurai besteht auch darin, in jedem Augenblick die Bedeutung von Ereignissen und Herausforderungen richtig einschätzen zu können.

***

Manchmal gewinnt nur der Sieger

Die meisten Dinge haben einen Mittelweg, der erstrebenswert ist. Bei militärischen Fragen geht es aber immer darum, alle anderen zu übertreffen.

Man kann nicht in allen Dingen besser als die anderen sein. Für den Samurai war es aber lebenswichtig, in den Kampfkünsten den anderen überlegen zu sein. Die erfolgreichsten von ihnen bereiteten sich ständig mental auf solche Auseinandersetzungen vor. Das gab ihnen im entscheidenden Moment den Mut, mit aller Entschlossenheit zu kämpfen und so auch starke Gegner zu besiegen. Das Hagakure empfiehlt, dieses Prinzip der geistigen Vorbereitung und des entschlossenen Handelns auch im Alltag so weitgehend wie möglich einzusetzen.

***

Lass den Kindern ihren Mut

Das Hagakure lehrt auch erstaunlich „moderne" Prinzipien der Kindererziehung:

Für das Kind eines Samurais ist es wichtig, schon in frühen Jahren Mut zu erlernen. Oft ist das bei Kindern keine Frage des aktiven Beibringens, sondern besteht eher darin, dass man sie nicht künstlich zur Feigheit erzieht. Ängstliche Kinder sind oft das Produkt übervorsorglicher Eltern. Kinder sind von Natur aus meist mutig und neugierig. Werden sie in diesen Verhaltensweisen in vernünftigem Rahmen bestärkt, kann sich dieser Mut weiterentwickeln, statt in Ängstlichkeit und Zögerlichkeit zu enden. Man sollte seinen Kindern keine Furcht vor Blitz und Donner einreden oder ihnen Angst vor der Dunkelheit machen. Auch sollte man den Kindern zum Beispiel keine Geschichten und Märchen erzählen, die sie unnötig ängstigen. Es geht darum, den Geist des Kindes stark zu erhalten, statt ihn durch falsche Erziehung zu verbiegen: **Wer als Kind unter Feigheit leidet, wird dieses Problem sein Leben lang nicht mehr überwinden.** Der Geist eines Kindes kann auch dann gebrochen werden, wenn man es zu sehr ausschimpft und unterdrückt.

Wichtig ist aber, dass man schlechte Angewohnheiten gar nicht erst einreißen lässt, weil es dann dem Betreffenden umso schwerer fallen wird, sie wieder zu brechen. Wichtig ist für das Kind auch, dass die Beziehung der Eltern harmonisch ist. Vor allem müssen die Eltern sich in der Kindererziehung einig sein und gerade die Mutter muss nicht selten die Tendenz überwinden, sich allzu sehr an ihr Kind zu klammern.

***

Sei bei Zusammenkünften immer voll konzentriert

Schon zu den Zeiten der Samurai galten Treffen und Zusammenkünfte als besonders kritische Zeiten. Es galt als ein wichtiger Erfolgsfaktor, sich in Meetings adäquat behaupten zu können.

Deshalb solltest du dich nie auch nur für einen Augenblick ablenken lassen, wenn du dich mit anderen triffst. Sowohl beim Zuhören als auch beim Sprechen musst du volle Geistesgegenwart bewahren.

Selbst bei weniger bedeutenden Fragen geht es darum, immer mit voller Konzentration bei der Sache zu sein. Sonst können selbst Kleinigkeiten zu schwerwiegenden Fehlern führen. In diesem Sinne sollte die Bedeutung von Meetings nicht vernachlässigt werden. Sie sind wesentliche Instrumente der Einflussnahme und verdienen entsprechend unseren vollen Einsatz.

***

Schenke deinen Gefühlen Beachtung

Egal, ob man sich in Meetings befindet oder in anderen sozialen Interaktionen, man sollte sich immer bewusst sein, wie wichtig Gefühle sind. Wer bei einer Besprechung ein ungutes Gefühl bekommt, der sollte besonders aufmerksam zuhören. Meistens gibt es eine konkrete Grundlage dafür, bei der man dann nachhaken sollte. Wer sich seiner Gefühle in dieser Hinsicht bewusst wird, kann viele Fehler vermeiden.

Das gleiche gilt auch für den Umgang mit anderen Menschen im Allgemeinen. Wenn man bei jemandem anfangs ein ungutes Gefühl hat, sollte man auch später nicht allzu vertrauensselig werden: **Egal was du auch unternimmst, sie bleiben oft Menschen, die dich später zum Stolpern bringen oder hereinlegen.** Ein erfahrener Mann wird sich deshalb bei seiner Menschenkenntnis auch auf die Botschaft seiner Gefühle verlassen.

***

Übe dich in den Kommunikationskünsten

Die Fähigkeit, überzeugend zu kommunizieren, ist von großer Bedeutung für den Erfolg eines Strategen. Entsprechend sollte man seine Kommunikationsfähigkeiten auch ständig üben. Dabei ist ein besonderes Qualitätsbewusstsein wichtig: **Wer das Schreiben von Briefen übt, sollte sich bemühen, selbst einzeilige Briefe mit höchster Sorgfalt zu formulieren. Einen Brief sollte man immer so abfassen, als ob der Empfänger ihn später als Plakat an die Wand hängen würde.**

Gerade in unserer Zeit unmittelbarer und grenzenloser Kommunikation per Fax, Handy und E-Mail sollte man sich bei seiner Kommunikation besondere Mühe geben. Selbst eine E-Mail kann gravierende Konsequenzen haben, wenn sie, missverständlich formuliert, noch nach Jahren auf irgendwelchen Festplatten und Servern gelagert, auftaucht. Gerade bei der Kommunikation sollte man deshalb nie nachlässig sein. Sie stellt den Kern der Führung dar.

Es ist auch wichtig, dass man in allen Situationen möglichst mit Ruhe und Gelassenheit kommuniziert und sich vor allem unter Druck nie zu unbedachten schriftlichen Äußerungen hinreißen lässt.

***

Korrigiere deine Fehler sofort

Man soll nicht zögern, seine Fehler und Versprecher sofort zu korrigieren. Auf diese Weise wird der Fehler meist keine Bedeutung haben. Wer dagegen versucht, seine Fehler zu vertuschen, richtet damit meist nur noch größeren Schaden an.

Wir alle machen Fehler. Der größte Fehler liegt danach aber meist darin, wie wir mit solchen Fehlleistungen umgehen. Gerade für den Samurai war das ein wichtiger Aspekt. Denn ein unbedachtes Wort konnte schnell gravierende Konsequenzen haben und zu einem Schwertkampf auf Leben und Tod führen.

Eine wichtige Empfehlung: **Rede nie über andere Menschen oder Geheimnisse und passe deine Gespräche den Gefühlen deines Gegenübers an.**

Die Themenwahl ist oft mit ausschlaggebend, ob man der Gefahr erliegt, Dinge auszuplappern und Meinungen zum Besten zu geben, die man besser für sich behalten hätte. Wer nicht mit dem Feuer spielt, ist auch weniger in Gefahr, sich dabei die Finger zu verbrennen. Ein guter Rat nicht nur für Betriebsfeste.

***

Sei ungewöhnlich

Weiche vom Üblichen ab. Dieses Prinzip trifft auf alle Dinge zu.

Herausragende Leistungen bedingen per Definition, dass man aus der Menge herausragt. Aus diesem Grund ist es wichtig, die Bereiche im Leben zu identifizieren, bei denen einem so etwas möglich ist und sich dann darauf zu konzentrieren. Während man das gesamte Spektrum der Führung und Leitung abdeckt, kann man so bestimmte Aspekte der Arbeit einer Führungskraft finden, in denen man besonders wertvolle Beiträge leisten kann. Diese Bereiche als eigene Stärken zu entdecken, ist ein wichtiger Meilenstein für die eigene Karriere und nützt gleichzeitig auch dem Unternehmen und den Mitarbeitern.

* * *

Treue und Freundschaft

Es gibt das Sprichwort: Wenn du in eines Menschen Herz sehen willst, dann werde krank.

Für den Erfolg als Führungskraft ist ein gutes Netzwerk an Kontakten unverzichtbar. Menschen, die sich gegenseitig bei ihren Karrieren helfen, sind erfolgreicher. Ganz besonders wertvoll sind dabei Menschen, auf die man sich wirklich verlassen kann. Schönwetterfreunde gibt es viele. Die Anzahl derjenigen, auf die man sich auch bei Krankheit oder einem Karriereknick verlassen kann, ist dagegen wesentlich kleiner. Man sollte sie besonders schätzen.

Der Ratschlag des Hagakure: Sei vor allem selbst ein guter Freund. Gerade wenn es den anderen schlecht geht und sie in Schwierigkeiten stecken, hast du deine besondere Gelegenheit, zu zeigen, wie es eigentlich um deinen eigenen Charakter bestellt ist. Auf diese Weise können tiefere und tragfähigere Beziehungen auch zu Kollegen und Geschäftsfreunden aufgebaut werden. Wer uns einmal geholfen hat, sollte sich im Krisenfall auch auf unsere Hilfe verlassen können.

Erkenne die Bedeutung von Glück und Unglück

Es ist auch im Wirtschaftsleben ein Fehler, kurzfristigen Erfolg immer gleich mit besonderen Fähigkeiten der Beteiligten gleichzusetzen und gleichzeitig Rückschläge mit mangelnder Qualifikation der Agierenden in Verbindung zu bringen. Nicht selten spielen auch glückliche Umstände eine wichtige Rolle. Deshalb sollte man anderen, dort wo es möglich ist, langfristige Chancen einräumen. Auf diese Weise kann man in einem Maße zu mutigen, weitsichtigen und verlässlichen Mitarbeitern gelangen, wie das bei den üblichen Beurteilungsmethoden nicht möglich wäre. In solchen Fragen empfiehlt sich deshalb eine gewisse Ausgeglichenheit zwischen konventionellen Führungsansätzen und ungewöhnlicheren Methoden.

***

Entwickle gemeinsame Visionen

Gemeinsame Visionen können eine ungeheure Kraft in Unternehmen entfalten. Das was alle voller Begeisterung anstreben, manifestiert sich später nicht selten auf erstaunliche Weise. Auch im Geschäftsleben spielen unbewusste Prozesse und Motivationen eine größere Rolle, als gemeinhin angenommen wird. Und eine Vision, die alle mit Begeisterung und Zuversicht für die Zukunft erfüllt, kann solche Motivationen bewirken und in gemeinsame Bahnen lenken.

Dort wo Unternehmen von ihrer Kultur her nicht in der Lage sind, eine glaubwürdige, gemeinsame Vision für das Gesamtunternehmen zu entwerfen, kann man solche Motivationsfaktoren auch im eigenen Verantwortungsbereich, zum Beispiel auf Abteilungsebene, entwickeln und implementieren. Nicht selten werden so erfolgreiche Abteilungen zu Vorreitern des visionären Managements im gesamten Unternehmen.

***

Erkenne die Kraft des Irrationalen

Vieles im Wirtschaftsleben unterliegt psychologischen Gesetzmäßigkeiten. Da zur Zeit das Konzept des Shareholder Values besondere Bedeutung gewonnen hat, ist es besonders wichtig, sich in dieser Hinsicht nicht irritieren zu lassen. Auch die Börsenbewertungen von Unternehmen werden keineswegs so rational vorgenommen, wie dies der Theorie nach eigentlich der Fall sein sollte. Aus diesem Grunde sollte ein niedriger Börsenwert nur dann ein echter Anlass zur Sorge sein, wenn er eine feindliche Übernahme provozieren könnte oder tatsächlich auf negativen langfristigen Trends im Unternehmen basiert.

Wichtig ist in solchen Fällen vor allem eine gute Kommunikationspolitik. Der Börsenkurs darf für die Analysten kein Geheimnis bleiben, das zu Spekulationen Anlass gibt. Stattdessen sollten klare, positive Signale für die Unternehmenszukunft gesetzt und deutlich kommuniziert werden – immer eingedenk der Tatsache, dass gerade auch auf das Börsengeschehen Mythen und Geschichten einen großen Einfluss ausüben.

***

Nimm dich vor berechnenden Menschen in Acht

Berechnende Menschen sind verachtenswert.

Wer ständig nur danach fragt, was ihm die nächste Handlung persönlich einbringt und nicht bereit ist, Risiken einzugehen, die ihm keinen persönlichen Vorteil versprechen, der kann keine gute Führungskraft sein.

Führung erfordert Mut und die Bereitschaft, auch dann das Richtige für das Unternehmen und die Mitarbeiter zu tun, wenn man damit persönliche Nachteile riskiert. Man mag eine selbstsüchtige Einstellung hinter allerlei cleveren Argumenten verstecken und sich auf Fakten berufen, die man bereits vorher geschickt zurechtgebogen hat, im Endeffekt wird sich doch erweisen, wer wichtige Aufgaben risikobereit und verantwortungsbewusst – eine wichtige Kombination – angeht und wer dies aus persönlichem Absicherungsstreben vermeidet.

Der Manager der Zukunft versteckt sich nicht hinter den konventionellen Regeln seines Unternehmens, sondern ergreift sich bietende Chancen und erschließt seinem Unternehmen neue Wege in die Zukunft.

***

Ich-AG statt Deutschland AG, Spaß am Risiko anstelle bremsenden Sicherheitsstrebens, die Wirtschaft des Unsichtbaren löst die Old Economy der planbaren Managementkarrieren und fixen Kundenbeziehungen ab – im Jahr eins des neuen Jahrtausends werden alle Ebenen von Gesellschaft und Wirtschaft vom Umbruch und Paradigmenwechsel erfasst.

> *„Mit Volldampf in eine ungewisse Zukunft"*
> *Report über den 5. deutschen Trendtag in*
> *Hamburg, Horizont 21/2000*

***

„Vorne ist da, wo sich keiner auskennt."

> *Sebastian Turner, Scholz & Friends Berlin*

***

Die Macht der Verzweiflung

Der Weg des Samurais liegt in der Verzweiflung. Zehn oder mehr Männer können einen solchen Mann nicht überwinden. Die übliche Vernunft schafft keine großen Dinge. Dazu musst du verrückt und verzweifelt werden.

Gewöhnliche Menschen können nur dann ungewöhnliche Ziele erreichen und ungewöhnliche Taten vollbringen, wenn sie über sich selbst hinaus wachsen. Das was wir „Vernunft" nennen, ist aber oft nichts anderes als ein Versuch, sich selbst jegliche außergewöhnliche Taten auszureden. Deshalb ist es in Zeiten, zu denen sich große Chancen oder Krisen auftun, besonders wichtig, sich nicht selbst im Weg zu stehen, die üblichen Kriterien zu ignorieren und mit dem Mut der Verzweiflung die großen Taten zu vollbringen, die einen selbst und das Unternehmen einen entscheidenden Schritt weiter bringen.

* * *

Die Freude an Herausforderungen

In Krisen und Schwierigkeiten ist es nicht ausreichend, dass man sich darum bemüht, sich nicht aus der Ruhe bringen zu lassen. Nicht eine heroische Passivität, sondern mutige Aktivitäten sind die richtige Reaktion auf schwierige Situationen. Ideal ist es sogar, wenn man sich über solch ungewöhnliche Herausforderungen freut, weil sie einem auch die Gelegenheit zum persönlichen Wachstum bieten. Mit einer solchen Einstellung kann man ungeahnte Kräfte entwickeln und dadurch außergewöhnliche Siege erringen.

* * *

Zuerst kommt der Wille, dann die Erleuchtung

Es zeugt von einem Mangel an Geist, wenn man glaubt, man könnte nie an das Vorbild der großen Meister heranreichen. Die Meister waren und sind Menschen. Du bist auch ein Mensch. Wenn du dich nicht für fähig zur Erfüllung einer bestimmten Aufgabe hältst, wirst du dich sehr schnell auf dem Weg zu diesem Status befinden.

Keine menschliche Errungenschaft sollte uns ganz selbstverständlich als fremd erscheinen, weil wir uns einer solchen Herausforderung nicht gewachsen fühlen. Alle großen Leistungen der Menschheitsgeschichte wurden von Menschen vollbracht. Entsprechend sind solche Leistungen auch menschenmöglich. Nicht selten reichen wir deshalb an solche Vorbilder nicht heran, weil wir uns entsprechende Leistungen erst gar nicht zutrauen. Was man sich aber nicht zutraut, kann man auch nicht erreichen.

Diese Feststellung ist keine Ermutigung zum Größenwahn. Sie ist aber eine Aufforderung, uns nicht vorschnell geschlagen zu geben und unser eigenes Potenzial nicht von voneherein kleinzureden.

Das Hagakure verweist auf Konfuzius: Er wurde nicht zu einem großen Gelehrten, weil er viel studierte. Er wurde zu einem großen Gelehrten, weil er bereits im Alter von fünfzehn Jahren den Entschluss fasste, ein großer Gelehrter zu werden.

Entsprechend gibt es auch die buddhistische Maxime: Zuerst kommt der Wille, dann die Erleuchtung.

**

Vermeide negative Gedanken

Ein Krieger sollte nicht einmal im Traum denken „Da würde mich die Angst übermannen" oder „In dieser Situation würde ich davonlaufen".

Negatives Denken führt zu negativen Reaktionen. Deshalb ist es wichtig, sich bereits im Vorfeld von wichtigen Ereignissen oder möglichen Herausforderungen mit bestärkenden und ermutigenden Gedanken darauf vorzubereiten.

* * *

Kommuniziere so, dass dir Respekt zuteil wird

Das eigene Wort ist besonders wichtig.

Auch der Krieger lebt nicht von der Schwertkunst allein. Respekt wird durch das tägliche Verhalten gewonnen und die eigene Persönlichkeit wird in besonderer Weise durch den Umgang und die Kommunikation mit Vorgesetzten, Kollegen und Mitarbeitern zum Ausdruck gebracht. Eine starke und entschlossene Einstellung beeindruckt und wenn sie echt ist, gibt sie auch einem selbst im Moment der Herausforderung die nötige Stärke zum richtigen Handeln.

* * *

Schätze den Wert des Zuhauses

Wahre Leadership zeigt sich nicht nur im Büro oder der Öffentlichkeit, sondern auch zuhause. In den eigenen vier Wänden sind wir viel eher geneigt, unserer eigenen Natur ihren freien Lauf zu lassen, als wir dies außerhalb des Hauses tun würden. Deshalb zeigt sich unsere wahre Natur auch am ehesten zuhause und dort formen wir auch die Gewohnheiten und

Einstellungen, die wir zumindest insgeheim dann auch nach außen tragen, ob wir uns dessen bewusst sind oder nicht.

* * *

Handle schnell und entschlossen

Man sollte seine Entscheidungen innerhalb von sieben Atemzügen fällen. Zu langes Überlegen führt zu miserablen Entschlüssen. In sieben von zehn Fällen sind die Ergebnisse enttäuschend, wenn Angelegenheiten lässig angegangen werden. Ein wahrer Samurai handelt schnell.

Schnelle, effektive Entscheidungen sind eine Frage der lebenslangen Vorbereitung. Wer sich seit Jahren mit strategischen Prinzipien vertraut gemacht hat und jederzeit die relevanten Fakten parat hat, kann seine Entscheidungen im Ernstfall schnell treffen. Alle anderen verzetteln sich leicht in der Informationsbeschaffung und endlosen Diskussionen. Gerade in entscheidenden Situationen ist es aber essentiell, schnell und entschlossen zu handeln. Nur so können beeindruckende Siege errungen werden.

* * *

Große Loyalität

Ein guter Indikator, wie loyal jemand zum Unternehmen ist, zeigt sich vor allem auch darin, wie er sich verhält, wenn er glaubt, seine Vorgesetzten wären im Begriff, schwerwiegende Fehler zu begehen.

Am sichersten ist es, sich in einem solchen Fall zurückzuhalten. Das ist aber keine gute Lösung für das Unternehmen. Eine zweite Möglichkeit besteht darin, die Kritik so geschickt zum Beispiel bei einem anderen hochrangigen Unternehmensvertreter zu platzieren, dass man selbst bei wichtigen potenziellen Mentoren einen guten Eindruck macht und gleichzeitig die direkte Konfrontation mit dem Vorgesetzten vermeidet.

Die größte Loyalität zeigt derjenige, der geschickt im Hintergrund so über die entsprechenden Kanäle Einfluss nimmt, dass dem Wohl des Unternehmens damit optimal gedient wird – auch dann, wenn es dafür aufgrund des diskreten Vorgehens keine persönlichen Vorteile zu erringen gibt.

* * *

Sei deinem Nachfolger gegenüber fair

Der Frieden im Unternehmen wird oft durch Divergenzen zwischen früheren und gegenwärtigen Chefs oder, bei Familienbetrieben, etwa durch Rivalitäten zwischen Vater und Sohn gestört. Das gleiche Problem kann auftreten, wenn mehrere Geschwister gleichzeitig im Betrieb das Sagen haben.

Solche Spannungen erwachsen aus selbstsüchtigen Motiven.

Gute Führer erkennen diese Probleme auch bei sich selbst und überwinden sie zum Wohle des Ganzen.

* * *

Höhen und Tiefen

Wenn einer nicht mindestens siebenmal ein Ronin [ein herrenloser Gefolgsmann] war, dann wird er auch kein guter Gefolgsmann [der in den Diensten eines Herrn und damit in Amt und Würde steht] werden. Siebenmal geht es nach unten und deshalb achtmal auch wieder nach oben.

Versagen wird in unserer Gesellschaft immer noch zu engstirnig definiert und diese Tatsache verhindert nicht selten, dass die besten Leute am Ende wieder nach oben kommen.

So wird ein Politiker, der auch nach etlichen verlorenen Wahlen nicht aufgibt, bis er wieder ein triumphales Comeback feiert, gerne als „Stehaufmännchen" belächelt. Ebenso ergeht es dem alternden (wer siebenmal unten war und wieder hochkam, ist meistens schon älter) Pop-Star. Ganz zu schweigen von dem Unternehmer, der es auch nur einmal wagte, zu scheitern.

Am ehesten trifft das Bild des Ronin den Manager, von dem sich ein Unternehmen gerade „in gegenseitigem Einvernehmen" getrennt hat: Nicht selten trifft ihn die Verachtung seiner Kollegen und er findet kein Angebot mehr für einen Weg zurück in eine entsprechende Managementaufgabe.

Aus Problemen und Rückschlägen lernt der Mensch aber wichtige Lektionen und kann gerade dann, wenn sein Leben Höhen und Tiefen hatte, am Ende besonders fruchtbar ein Unternehmen oder einen wichtigen Verantwortungsbereich führen.

Die Amerikaner haben das schon lange erkannt. Überspitzt kann man für diesen Kulturraum formulieren, dass, wer nicht mindestens eine Pleite hinter sich hat, den Investoren als verdächtig gilt und es nach jedem Konkurs beim nächsten Mal noch mehr *venture capital* zur Verwirklichung der neuesten Geschäftsidee gibt. Das Gleiche gilt für Führungskräfte: Keiner erwartet den makellosen, immer nach oben strebenden Lebenslauf. Im Gegenteil: Geschichten darüber, wie der heutige CEO einmal zwischendurch auch als Barkeeper oder Taxifahrer arbeiten musste, um über die Runden zu kommen, machen sich später sehr gut in dessen Biographie und bestätigen wieder einmal allen, dass in den USA alles möglich ist, solange man nicht aufgibt.

Die Regeln der New Economy werden entsprechende Brüche im Lebenslauf auch bei uns gängiger und akzeptabel machen. Wenn in naher Zukunft tatsächlich – wie von Experten vorhergesagt – weniger als 20 Prozent aller Internet Start-ups überleben werden, dann kann sich keiner mehr leisten, die dadurch freigesetzten Manager auf dem Arbeitsmarkt in Zukunft zu ignorieren.

***

Kenne die Macht deiner Gefühle

Krankheiten und andere Probleme verschlimmern sich aufgrund der Art und Weise, wie wir fühlen.

Wir können den Problemen und Herausforderungen unseres Lebens nicht auf die Dauer ausweichen. Aber wir können, entscheiden, wie wir darauf reagieren. Das gilt auch für unsere Gefühle. Unsere emotionale Reaktion auf Situationen wird zu einem großen Teil von unserer Denkweise bestimmt. Wenn wir uns dazu entschließen, positiv und optimistisch an Herausforderungen heranzugehen, steigen unserer Chancen, damit fertig zu werden und sie in Vorteile statt Nachteile umzumünzen.

***

Menschen als Erfolgsfaktoren

Es ist für einen Samurai am besten, wenn er gute Männer hat. Strategische Herausforderungen können nicht von einer Person alleine gemeistert werden, egal wie sehr man sich auch bemühen mag. Geld kannst du dir immer von anderen beschaffen, aber einen guten Mann kannst du nicht so einfach aus dem Nichts hervorzaubern.

Schon die Samurai erkannten den Wert der Teamarbeit. Niemand kann größere Schlachten alleine gewinnen, auch wenn ein kleineres, gut funktionierendes „Team" mit der richtigen Strategie so manche größere Armee schlagen kann.

In Zeiten der New Economy und der Wissensgesellschaft wird diese Notwendigkeit, die richtigen Mitarbeiter zu rekrutieren und zu halten, immer offensichtlicher. Der globale Markt hat uns eine vermehrtes Angebot an investitionsfreudigem Kapital gebracht. Gleichzeitig aber auch eine Verknappung der entscheidenden Ressource: der hochqualifizierte, hochmotivierte Mitarbeiter.

Das Hagakure gibt die Empfehlung, den Mitarbeiter von Anfang an freundlich und gut zu behandeln und die Früchte des Erfolgs mit ihm fair zu teilen. So bleibt die Schlagkraft des Teams erhalten und am Ende profitieren alle davon. Kein Wunder, dass gerade die Unternehmen aus der IT-Branche, allen voran Internet-Start-ups, Vorreiter bei der Idee sind, weitgehend alle Mitarbeiter mit Aktienoptionen am gemeinsam erwirtschafteten Erfolg zu beteiligen.

***

Zeitkritik

Wer ein wenig Einsicht gewinnt, verfällt leicht dem Hang, die gegenwärtigen Zeiten zu kritisieren. Das ist die Basis für Katastrophen.

„Unschuld und Unwissenheit bedeuten Glückseligkeit", heißt ein amerikanisches Sprichwort. Gerade die cleveren Analysten neigen dazu, die Probleme ihrer eigenen Zeit besonders negativ zu sehen. Dadurch entsteht eine pessimistische Grundstimmung, die die Energien lähmt und zu entsprechend miserablen Ergebnissen führt kann. Wer weniger tiefgründig an die Sache herangeht, kann sich viel leichter zu immer neuer Aufbruchstimmung aufraffen und diese Erwartungen dann durch exzellente Leistungen in die Realität umsetzen.

Dieses Problem des Überanalysierens kann einzelne Personen, Teams, Unternehmen oder ganze Wirtschaftsräume erfassen. Die Resultate sind in allen Fällen negativ.

Wer das Analysieren der Zeitumstände nicht lassen kann, dem hilft vielleicht ein Bemühen um noch tiefere Einsichten weiter: Menschen neigen dazu, die Vergangenheit in ihrer Erinnerung zu glorifizieren. Dieses wehmütige Denken an die „gute alte Zeit" hat auch seinen Sinn. Es kann uns zu mehr Lebensfreude und Lebensmut verhelfen, wenn wir es zum Anlass nehmen, nun auch die Zukunft optimistischer zu sehen. Wenn es uns aber den Blick dafür verstellt, dass jede Zeit

82

ihre Vor- und Nachteile hat und es schon immer Probleme zu lösen gab, dann schadet es uns. Es hält uns dann davon ab, aus der Vergangenheit zu lernen, dass es immer eine Lösung gibt, wenn man sich nur ernsthaft darum bemüht und verhindert, dass wir in der eigenen, gegenwärtigen Zeit den notwendigen Schwung zur persönlichen und kollektiven Weiterentwicklung aufbringen.

***

Die Aufgaben, vor denen wir stehen, sind gewaltig. Die Menschen fühlen sich durch die Fülle der gleichzeitig notwendigen Veränderungen überlastet ... Es wird Kraft und Anstrengung kosten, die Erneuerung voranzutreiben, und es ist bereits viel Zeit verloren gegangen. Niemand darf aber vergessen: In hochtechnisierten Gesellschaften ist permanente Innovation eine Daueraufgabe! ·

(...)

Wir brauchen wieder eine Vision. Visionen sind nichts anderes als Strategien des Handelns.

> *(Aus der berühmten „Berliner-Rede" des ehemaligen deutschen Bundespräsidenten Roman Herzog)*

***

Offen für Belehrungen

Überlegenheit erwächst vor allem daraus, dass wir aufmerksam zuhören, sobald andere bereit sind, unsere eigene Situation zu diskutieren. Die meisten Menschen schätzen aber nur ihre eigene Meinung und erreichen deshalb nie die höchsten Ebenen.

Wir alle sind voreingenommen. Vor allem, wenn es um unsere eigene Meinung geht. Deshalb gibt es auch in der Wirtschaft vor allem Diskussionen: Jeder sagt seine Meinung und verteidigt sie anschließend vehement gegen jegliche widersprüchliche Meinungsäußerungen. Dialoge sind dagegen selten. Denn da geht es vor allem darum, sich unvoreingenommen die Ansichten der anderen anzuhören, sie zu verarbeiten und dann mit seinen Erwiderungen nicht die eigene Position auf Biegen und Brechen zu verteidigen. Stattdessen versucht man seine eigenen Erfahrungen mit den Botschaften der anderen zu einer sinnvollen Synthese zu vereinen. Wenn man dann mit seinem eigenen Beitrag zum gesamthaften Dialog unvoreingenommen zur Weiterentwicklung der gesamten Gesprächsrunde beiträgt, entwickelt man gleichzeitig sich selbst und die Zuhörer weiter. Auf diese Weise gelangt man im Dialog oft gemeinsam zu tieferen Einsichten.

Deshalb spricht man auch von einer kontroversen Diskussion im Gegensatz zu einem fruchtbaren Dialog.

***

Erfolg durch Fokus

Es ist ungünstig, wenn aus einer Sache zwei werden. Deshalb sollte man auch keine vielfältigen Erwartungen an den Weg des Samurais stellen.

Eine klare Fokussierung auf die eigenen Kernkompetenzen war zu allen Zeiten ein wichtiger Erfolgsfaktor. Im 21. Jahrhundert mit seinen Myriaden an unterschiedlichen Optionen bei gleichzeitig zunehmender Unsicherheit über die entscheidenden Indikatoren für eine gesicherte Zukunft wird dieser Aspekt umso wichtiger. Wer weiß schließlich, was ein junger Mensch mit unterschiedlichen Talenten anstreben sollte: Gehirnchirurg, Gentechnologe, Thrillerautor, Blödelbarde, Web-Designer, Manager? Was sind die erfolgreichsten und gleichzeitig persönlich befriedigendsten Wege in die Zukunft? Wer weiß das heutzutage schon genau? Entsprechend wac' lie Anforderungen: Wer sich über den Weg des Mana rwirklichen will, der sollte das tun, indem er nach beste ften zum besten Manager wird, den man sich vorstel nn. Entsprechendes gilt für Psychiater, Internetstratege r Filmproduzenten: man muss wissen, was man will. man muss es mit aller Konsequenz (Ausbildung, Erfahr Verzicht) umsetzen.

Man kann allerdings auch immer den des Mittelmaßes wählen. Nur wird der keine echte Befr ıng und Sinnerfüllung im Leben mit sich bringen könn

***

Das enthüllende Wort

Das einzelne Wort ist die Frucht deines Herzens. Es ist nicht etwas, was einfach aus deinem Mund kommt.

Was wir sagen und wie wir es kommunizieren enthüllt eine Menge über unseren eigenen Charakter. Substanz und Form unserer Kommunikation sind wichtige Maßstäbe. Eine wahre Führungspersönlichkeit ist sich dieser Kombination bewusst. Dabei geht es nicht darum, andere durch eine verstellte und verfälschende Kommunikation hinters Licht zu führen. Es geht aber darum, dass der wahre Stratege Verstand genug hat, zu wissen, dass seine Strategien vor allem durch seine Kommunikationsfähigkeiten Leben gewinnen. Er wird sein Kommunikationsverhalten entsprechend ausrichten.

***

Die Bedeutung der Kleinigkeiten

Die Tiefe des eigenen Herzens erweist sich oft in den Kleinigkeiten.

Es ist für uns besonders schmerzhaft, wenn wir wegen scheinbarer Kleinigkeiten beschuldigt werden. Kleinigkeiten bergen aber oft die tiefsten Wahrheiten. Ein Stirnrunzeln an der einen Stelle, ein Lachen an der anderen können einem aufmerksamen Gesprächspartner sehr viel mehr über unsere eigene Persönlichkeit und unsere Lebensphilosophie verraten, als uns vielleicht lieb ist. Zum einen gilt es in dieser Hinsicht aufmerksamer zu sein.

Auf der anderen Seite sollten wir diesen Kleinigkeiten vielleicht selbst mehr Bedeutung beimessen. Vielleicht fühlen wir uns ständig missverstanden und zu Unrecht beschuldigt. Wenn wir den angeblichen Kleinigkeiten aber mehr Gewicht geben, finden wir vielleicht auch einige unangenehme Wahrheiten über uns selbst heraus. Oder wir entdecken zumindest, dass wir uns den anderen Menschen nicht im rechten Licht präsentieren.

**

Mut und Optimismus

Eine gute Führungskraft sollte sich selbst gegenüber immer auf ein mutiges und entschiedenes Auftreten bestehen. Wir alle haben unsere Schwächen, es bringt aber keine Vorteile, sich damit zu intensiv zu befassen. Selbst in unseren Träumen sollten wir uns stattdessen darauf konzentrieren, mit Optimismus und Kraft unsere Zukunft in Angriff zu nehmen. Es mag so erscheinen, als ob Kleinigkeiten in dieser Hinsicht nicht zählen. Dieser Eindruck täuscht aber. Unser Leben besteht vor allem aus einer Abfolge von Kleinigkeiten. Deshalb ist es auch unabdingbar, dass wir lernen, Kleinigkeiten richtig zu handhaben. Nur dadurch werden wir in die Lage versetzt, letztendlich auch unser ganzes Leben in eine erfolgreiche Richtung zu lenken.

**

Eine Frage der Einstellung

Alles ist möglich. Wer mit entsprechender Entschlossenheit handelt, kann alles erreichen. Aber der Mensch ist schwach und kann die entsprechende Einstellung nicht aufbringen. Himmel und Erde in Bewegung zu setzen ist keine Frage des Einsatzes, sondern eine Frage der Konzentration.

Vor allem die Internetgeneration kann die Richtigkeit dieser Beobachtung bezeugen. Plötzlich scheinen alle Möglichkeiten offen, alle Grenzen überwindbar. In der Tat ist im Internetzeitalter vieles möglich. Allerdings heißt das nicht, dass sich jeder wünschen kann, was er will, es wird dann schon irgendwie in Erfüllung gehen. Letztendlich ist dies tatsächlich eine Frage der Konzentration.

* * *

Die Bedeutung der rechten emotionalen Reaktion

Eine angemessene emotionale Reaktion auf die unterschiedlichen Situationen und Gespräche ist absolut erforderlich.

Diese Erkenntnis nimmt zum Teil die heutige Diskussion um Emotionale Intelligenz vorweg. Es ist in der Tat wesentlich, nicht nur rational mit Situationen umzugehen. Man muss sich auch immer der emotionalen Dimension allen Erlebens und Handelns bewusst sein. Nur Herz und Verstand gemeinsam ermöglichen die optimale Reaktion auf Ereignisse.

Zeige deinen Verbündeten Respekt

Wenn dir jemand offen mitteilt, was andere über dich denken, dann solltest du mit Dankbarkeit darauf reagieren. Auch dann, wenn dir die Information zu diesem Zeitpunkt nicht besonders hilft. Ansonsten wird er dir solche Informationen nicht mehr zukommen lassen. Der Austausch von Meinungen und Beobachtungen sollte immer auf freundschaftlicher Basis erfolgen.

Alliierte sollte man immer mit Respekt behandeln. Wer andere Menschen respektiert, wird automatisch Hilfe auch aus ungewöhnlichen Richtungen und mit ungewöhnlichem Inhalt erfahren. Auf der anderen Seite zeigt ein verächtliches Verhalten gegenüber denjenigen, die einem mit ihrer angebotenen Hilfe nicht wirklich zu nützen scheinen, dass all unsere Bekundungen von Respekt in der Vergangenheit nur auf taktischen Überlegungen und nicht auf echter Überzeugung beruhten.

***

Der Wert der Erfahrung

Es gibt die Meinung, dass große Genies ihren Höhepunkt spät im Leben erreichen.

Die Zeit der Jugend hatte schon immer ihre spezielle Kraft und Motivation. Und zu Recht wurde moniert, dass diese Kraft nur allzu oft von den Älteren unterdrückt wurde, bis sie verpufft war.

Auf der anderen Seite darf aber auch nicht übersehen werden, dass echte Weisheit und tiefe Einsichten oft den Älteren vorbehalten sind.

Konkret heißt das, dass derselbe Mensch mit vierzig wahrscheinlich weiser ist als mit zwanzig und mit sechzig wahrscheinlich beide persönliche Altersstufen überbieten wird. (Was auch nicht immer geschehen muss. Mit zunehmendem Alter kann man auch seinen – nach allgemeinen kulturellen Maßstäben – durchaus berechtigten Idealismus zunehmend verlieren und immer mehr dem Druck, sich auch an weniger ideale systemische Gegebenheiten anzupassen, erliegen. Dadurch wird man moralisch gesehen natürlich nicht besser, verhält sich aber möglicherweise klüger angesichts der konkreten Umstände.)

Das Hagakure weist darauf hin, dass auch die Genies oft erst später im Leben reifen. In diesem Sinne muss zunehmendes Alter nicht zunehmenden Opportunismus bedeuten. Es kann auch bewirken, dass ursprüngliche, damals vor allem emotionsgeladene Visionen und Einsichten im späteren Leben unter mehr rationalen Gesichtspunkten zur noch volleren Blüte gelangen.

***

Vermeide das Gefühl von Unterlegenheit

Man sollte sich nie anderen unterlegen fühlen und immer seinen Mut in besonderer Weise aufrecht erhalten.

Es gibt mittlerweile sechs Milliarden Menschen auf diesem Planeten und die kleinen Spielchen, durch die die Einzelnen versuchen festzustellen, wo genau ihr Platz in dieser globalen Hackordnung ist, nehmen, wie schon seit Tausenden von Jahren, kein Ende.

Ansprüche dieser Art sollten einen nicht davon abhalten, in aller Ruhe den eigenen Beitrag sowohl zum globalen, als auch zum persönlichen Wohl zu leisten.

Unser eigener Wert (zumindest für die anderen) bestimmt sich letztendlich aus unserer gesamthaften Lebensleistung. Wie diese im Vergleich zu anderen aussieht, sollte zumindest keine Quelle für unsere Entmutigung sein. Wir sollten uns vor allem den großen Gestalten der Geschichte nicht unterlegen fühlen, sondern immer die Möglichkeit offen lassen, dass wir in unserer eigenen Zeit auch in der Lage sein werden, einen besonderen Beitrag zu leisten.

Problematisiert wird diese Aufgabe durch zwei Einstellungen:

Man hält es leicht für Vermessenheit zu glauben, man könnte einen entscheidenden Beitrag zur Zukunft der Menschheit leisten. Das heißt aber, dass man mental das Feld kampflos anderen Zeitgenossen überlässt. Ein Blick in die Medien, die darstellen, was die prägenden Zeitgenossen beizutragen haben, sollte eigentlich ein Ende der selbstauferlegten Bescheidenheit bedeuten. Die anderen bringen auch nicht zuviel auf die Waagschale, also sollte man einfach seinen eigenen Beitrag leisten und dann die Resultate abwarten.

Die andere Falle liegt darin, dass es vielen überhaupt nicht darum geht, einen Beitrag zu leisten. Vielmehr geht es darum, für sich selbst einen möglichst großen Teil des Kuchens zu erobern, der an globalem finanziellem Erfolg derzeit verteilt wird. In Falle einer solchen Versuchung sollte man es sich gut überlegen, ob man wirklich bereit ist, den früheren Idealismus endgültig über den Haufen zu werfen. Nicht selten kann man beides erreichen, Ideale und (auch finanziellen) Erfolg. Wer dagegen seine Ideale geopfert hat, wird anschließend, selbst bei finanziellem Erfolg, persönlich unzufrieden sein.

***

Die Entschlossenheit zum Sieg

Wenn du im Kampf entschlossen bist, den anderen nicht den Vorrang einzuräumen, sondern mit der festen Absicht voranstürmst, die Linien des Gegners zu durchdringen, dann wirst du von den anderen nicht übertrumpft werden. Du wirst im Geiste stark sein und besondere kämpferische Fähigkeiten demonstrieren.

Entschlossenheit ist der Schlüssel zum Erfolg, vor allem in Zeiten des Umbruchs. Heute, bei der Verschiebung des wirtschaftlichen Schwerpunkts hin zur New Economy, gibt es viel zu gewinnen oder viel zu verlieren. Wer am entschlossensten handelt, hat die Chancen auf seiner Seite.

***

Die Gefahren der Vertrautheit

Vertrautheit kann dazu führen, dass man den nötigen Respekt voreinander allmählich verliert. Eine wichtiger Rat des Hagakure besteht darin, anderen Menschen, auch denen, die man oft trifft, bei jeder Begegnung erneut mit der Höflichkeit und Aufmerksamkeit des ersten Treffens zu begegnen.

***

Offenheit im Alter

Mit zunehmendem Alter tendieren wir dazu, unsere Perspektiven zu verengen und unflexibel zu werden. Das trifft auch auf unsere Selbsterkenntnis zu. Wir müssen dieser Tendenz bewusst entgegentreten. Sie zu leugnen hat keinen Sinn und ist an sich schon ein Zeichen für mangelnde Offenheit.

***

Die Regel der kleinen Dinge

Zu große Selbstsicherheit kann dazu führen, dass wir den Details in unserem Leben wenig Aufmerksamkeit schenken. Kleinigkeiten entscheiden im Endeffekt aber oft über Erfolg und Misserfolg. **Ob der eigene Weg, die Dinge zu handhaben, richtig oder falsch ist, entscheidet sich an den kleinen Dingen.**

***

Der Wert der Reife

Konfuzius war nicht der einzige Mann, der erst im Alter von vierzig Jahren zur Erleuchtung gelangte. Die Flexibilität der Jugend ist eine Sache. Auf der anderen Seite ist aber auch Reife und Erfahrung wichtig. Selbst in der New Economy können junge Menschen aus mangelnder Erfahrung leicht Fehler machen, die dann fatale Folgen haben. Das sollte man bei aller Euphorie über die jungen Internetprofis nicht vergessen.

***

Selbstkritik

Wir alle machen jeden Tag irgendwelche Fehler. Wichtig ist, dass wir uns dieser Tatsache bewusst werden und unser Verhalten mit kritischer Selbstanalyse begleiten. Auf diese Weise erhalten wir die Chance, uns täglich zu verbessern.

Gerade der momentane Erfolg kann uns daher den Blick für diese Zusammenhänge trüben. Wir müssen diese mentale Trägheit überwinden und täglich an uns arbeiten. Wer nicht an sich arbeitet, wird auf Dauer keinen anhaltenden Erfolg haben.

***

Der Fluch der hohen Kompetenz

Mangelnde Kompetenz ist sicher ein Grund für Misserfolg. Zu hohe Kompetenz kann aber auch schädlich für die Karriere sein. Man muss seine Fähigkeiten deshalb strategisch einsetzen und demonstrieren. Gerade weniger kompetente Vorgesetzte neigen dazu, sehr gute Mitarbeiter bewusst klein zu halten, um die eigene Position abzusichern.

***

Der Preis der Höchstleistung

Wer Gutes tun will, muss bereit sein, Leiden auf sich zu nehmen.

Höchstleistungen erfordern immer ihren Preis. Nur wer bereit ist, sich voll einzusetzen, kann am Ende einen optimalen Beitrag leisten. Zudem hat jede Aufgabe auch ihre unangenehmen Seiten. Auch diesen Aspekt des Lebens mit der nötigen Sorgfalt zu erfüllen, ist der Weg zu einer hochqualitativen Leistung.

Wer sich vor solchen Anstrengungen drücken will, wird nicht in der Lage sein, etwas Großes und Außergewöhnliches zu schaffen. **Ein Samurai sollte allergrößten Einsatz zeigen. Etwas, das nur in Maßen getan wurde, kann sich später sonst als ungenügend herausstellen.**

***

Unmittelbarkeit

Der Weg des Samurai ist der Weg der Unmittelbarkeit.

Die Samurai waren für ihre geradlinige Entschlossenheit bekannt. Chancen bieten sich oft nur zu bestimmten Zeiten und in bestimmten Situationen. Wer in diesem Moment zögert, verliert vielleicht die beste Gelegenheit seines Lebens. Das gleiche kann geschehen, wenn man seine Ziele lieber über scheinbar sichere Umwege als einen riskanten direkten Weg anstrebt. Unmittelbarkeit ist aber nicht das gleiche wie Unbedachtheit. Es kommt darauf an, den richtigen Zeitpunkt zum Handeln abzuwarten. Dann, wenn er gekommen ist, muss unmittelbar und mit aller Macht gehandelt werden.

***

Der Schlüssel zur Glaubwürdigkeit

Die Mitarbeiter und Manager sind die Visitenkarte eines Unternehmens. Glaubwürdigkeit entsteht dort, wo sich Kunden und Geschäftspartner darauf verlassen können, dass von einem Mitarbeiter des Unternehmens ein gewisser Verhaltensstandard zu Recht erwartet werden kann. Nur ein Unternehmen mit einer klaren Unternehmensphilosophie und einem festen Wertekodex ist in der Lage, solches positive Mitarbeiterverhalten weitgehend garantieren zu können.

***

Der Vorteil der rechten Motivation

Mitarbeiter, denen es hauptsächlich um ihr Einkommen und ihre Aktienoptionen geht, sind auch dann für das Unternehmen langfristig nicht gut, wenn sie ungewöhnliche Fähigkeiten und großes Talent haben. Menschen mit der richtigen Motivation sind für ein Unternehmen ein unschätzbarer Wettbewerbsvorteil.

* * *

Oberflächlichkeiten

Die Dinge, die leicht zu verstehen sind, bewegen sich meist nur an der Oberfläche.

Wir werden heute von einer täglichen Flut an Informationen überrollt. Als Konsequenz neigen wir dazu, die Dinge allzu sehr zu vereinfachen.

Das kann sich gerade auch im Management schnell rächen. Wirklichen Erfolg haben auch in der New Economy nur diejenigen, die ein tieferes Verständnis für ihre jeweiligen Geschäftsfelder entwickeln und mit kreativen Ideen den Markt aufrollen.

* * *

Aus dem Hagakure:

Es gibt nichts als die Bedeutung des gegenwärtigen Augenblicks. Eines Menschen Leben ist nichts als eine Abfolge von Augenblicken. Wenn man den gegenwärtigen Augenblick in seiner ganzen Fülle versteht, dann bleibt nichts Weiteres zu tun. Lebe so, dass du der Bedeutung des gegenwärtigen Augenblicks gerecht wirst.

Man muss von Erlebnis zu Erlebnis leben. Wer dies einmal verstanden hat, wird von diesem Moment an ein anderer Mensch werden, auch wenn er sich dessen nicht jederzeit bewusst ist.

Lerne dem Gedanken des Augenblicks treu zu werden und Ablenkung zu vermeiden. Lerne dich mit ganzer Kraft für eine Sache einzusetzen und lebe von einem einzigen Gedanken zum nächsten.

Führen heißt Lehren

Selbstbeschränkung

Ein Samurai soll sich von zu viel Reiswein, Eitelkeit und Luxus fernhalten. Wenn du dich unglücklich fühlst, dann brauchst du dich nicht zu sorgen. Aber wenn es dir gut geht, dann stellen diese drei Dinge eine Gefahr für dich dar.

In der Beschränkung liegt oft die Kraft. Gerade in Zeiten des Erfolgs wird es leicht, einem unkontrollierten Lebensstil zu verfallen und die eigene Bedeutung zu überschätzen. Diese Tendenz ist nur allzu menschlich. Stolz und Extravaganz sind die natürlichen Gefährten des Erfolgs. Deshalb ist es gut, frühzeitig im Leben härtere Zeiten zu erleben. Denn ohne diese Erfahrung reift ein Mensch meist nur unvollkommen. Ein Mensch, der schwach wird, wenn er glücklich ist, kann diese Herausforderungen nicht meistern.

***

Menschenkenntnis

Der Schlüssel zur erfolgreichen Menschenführung besteht darin, die Persönlichkeit anderer Menschen schnell zu erfassen und ihrer Mentalität gerecht zu werden. Wenn jemand sehr aggressiv und streitsüchtig ist, dann sollte man ihm zuerst deutlich nachgeben und ihn dann mit überlegener Logik in seine Schranken weisen. Dabei sollte man aber nicht taktlos erscheinen und sicherstellen, dass anschließend keine Ressentiments zurückbleiben. Das kann nur durch eine Kombination aus Herzlichkeit und Wortgewandtheit erreicht werden.

***

Nutze deine Träume

Träume sind Manifestationen von Wahrheit. Wenn ich manchmal davon träume, in der Schlacht zu sterben und mich mutig darauf vorbereite, dann ändert sich meine Verfassung im Traum allmählich.

Selbst Träume können uns als Information und Übungsfelder dienen. Gerade in Stresszeiten kann es hilfreich sein, unseren Träumen besondere Beachtung zu schenken und unsere Reaktionen auf Traumsituationen zu analysieren.

***

Die Loyalität des Samurai

Der Kern des Weges des Samurais ist die Loyalität zur eigenen Berufung. Gepaart mit Intelligenz, Menschlichkeit und Mut entsteht ein herausragender Krieger. Solche Charaktereigenschaften scheinen für einen normalen Menschen kaum erreichbar, aber im Grunde ist es einfach: Wahre Intelligenz kommt vor allem durch den Gedankenaustausch mit anderen. Daraus kann unendliche Weisheit erwachsen. Menschlichkeit zeigt sich dort, wo man sich für andere einsetzt, wo man sich in ihre Lage versetzt und ihren Bedürfnissen Vorrang gibt. Mut bedeutet vor allem, dass man im richtigen Augenblick die Zähne zusammenbeißt. Man tut das, was erforderlich ist und geht weiter voran, ohne sich von den äußeren Umständen verunsichern zu lassen.

* * *

Die Kunst des Führens

Ein Priester bemerkte einmal, dass wenn jemand gedankenlos einen Fluss mit unbekannten Untiefen und Flachstellen überqueren wollte, er in seinen Fluten umkommen würde, ohne jemals das andere Ufer zu erreichen. Das Gleiche gilt, wenn jemand ohne Verstand darauf aus ist, ein verantwortlicher Führer zu werden.

Führung ist eine Kunst. Wer wirklich Menschen richtig führen will, braucht mehr als Ehrgeiz und Fachwissen. Ansonsten können sich heiß begehrte Verantwortungen anschließend als Karrierebumerang erweisen.

* * *

Tadellosigkeit

Ein Mensch bleibt dann ohne Tadel, wenn er sich aus Affären heraushält. Das muss bewusst und mit Ernsthaftigkeit angestrebt werden.

Karrieren können vor allem schnell durch eine Verwicklung in Affären zu einem jähen Ende kommen. Manche werden sogar noch nach ihrem Karriereende von Verfehlungen eingeholt. In unserer Informationsgesellschaft zeugt es von besonderer Naivität, wenn man glaubt, gravierendes Fehlverhalten würde nicht früher oder später von irgend jemandem aufgedeckt und anschließend in irgendeiner Form öffentlich ausgeschlachtet werden.

***

Finde deinen eigenen Weg

Zeiten ändern sich. Deshalb macht es auch keinen Sinn der „guten alten Zeit" nachzutrauern. Jede Generation muss ihren eigenen Weg finden. Sich nicht von der Vergangenheit lösen zu können, ist ein Fehler. Aber auch Menschen, die sich nur mit den gegenwärtigen Gegebenheiten befassen, versäumen es, die Lektionen der Vergangenheit zu lernen. Zu ihrem eigenen Nachteil.

***

Der Teamführer braucht Mut

Früher herrschten rauere Sitten im Management. Heute pflegt man mehr den kooperativen Stil. Entsprechend sanfter wirkt die heutige Führungskraft. Was aber nicht bedeutet, dass heute weniger Mut erforderlich ist, um ein Team zum Erfolg zu führen. Im Gegenteil, die zunehmende Unberechenbarkeit und

Komplexität der globalen Wirtschaft erfordert Menschen, die sich mutig diesen Herausforderungen stellen.

***

Das Ende einer Sache ist entscheidend

Allein wichtig ist, wie die Dinge enden. Das ganze Leben sollte nach diesem Prinzip geführt werden.

Wer den letzten Teil der Trilogie „Der Pate" gesehen hat, wird wohl nie die Szene vergessen, in der der alte Pate am Ende als gebrochener und einsamer Mann sterbend von seinem Stuhl inmitten des leeren Hofs rutscht.

Ähnlich geht es oft auch in der Wirtschaft und Politik zu. Auch noch so glänzende Karrieren können sich zu einem späten Alptraum entwickeln. Vor allem wenn sie durch allerlei unsaubere Machenschaften erkauft wurden. Auf der Höhe seiner Macht kommt so mancher mit so manchem durch. Später holt ihn dann aber nicht selten die Vergangenheit unbarmherzig ein.

***

Der richtige Umgang mit Menschen

Beim Umgang mit Menschen ist es entscheidend, immer wieder eine frische Perspektive zu haben. Man sollte immer den Eindruck vermitteln, dass man mit etwas Außergewöhnlichem beschäftigt ist.

Wer Menschen wichtig nimmt und ihnen jeden Tag erneut mit dem Willen begegnet, sie aus neuer Sicht zu sehen, ihnen neue Chancen einzuräumen und Vorurteile und vorschnelle Urteile in Frage zu stellen, der hat gerade in unserer Wissensgesellschaft, in der nichts mehr als Wissen und Innovationen zählen, gute Voraussetzung, erfolgreiche Teams aufzubauen und zu führen.

***

Vermeide es, ins Hintertreffen zu geraten

Uesugi Kenshin sagte: Ich wusste nie, wie man von Anfang bis Ende den Sieg sicherstellt. Alles was ich kannte, war das Bemühen, in keiner Situation ins Hintertreffen zu geraten.

Erfolg im Leben ist oft relativ. Und der Weg zum Sieg liegt oft darin, besser als andere zu sein. Wer zu perfekt sein will, versagt oft am Ende. Wichtig ist, dass man führend bleibt. Das gibt auch bei Führungsaufgaben eine gewisse Bescheidenheit: Es geht vor allem darum, herausragende Arbeit zu leisten und sich täglich in der eigenen Leistung zu verbessern. Der Erfolg stellt sich bei dieser Einstellung nicht selten von ganz alleine ein.

***

Warnung vor Heuchelei

Heuchelei, vor allem wenn sie den Vorgesetzten gegenüber zum Ausdruck kommt, ist nicht selten kontraproduktiv. Ohne eine gewisse Menschenkenntnis kommt kaum jemand in eine Führungsposition. Deshalb ergibt es auch wenig Sinn, wenn man seinen Vorgesetzten auf Dauer etwas vormachen will.

∗∗∗

Die Vergänglichkeit der Welt

Tsunetomo sagte: Ist der Mensch nicht wie eine gut geführte Marionette? Wie ein mechanisches Wunderwerk kann er laufen, springen und sogar sprechen, obwohl man keine entsprechenden Fäden, an denen er hängt, erkennen kann. Werden wir nicht auch an der Festlichkeit im nächsten Jahr teilnehmen? Diese Welt ist in der Tat eitle Vergänglichkeit. Aber die Leute vergessen das immer.

Gerade in der Wirtschaft wird viel Wert auf gutes Funktionieren gelegt. Wer sich dessen bewusst ist und deshalb bewusst auch ein selbstbestimmtes Leben anstrebt, der kann diesem Kreislauf entkommen und in unserer Informationsgesellschaft, bei der eigenständige Kreativität zu einem wesentlichen Wert wird, sogar gerade deshalb besondere Beiträge leisten.

Es ist aber nicht leicht, zu erkennen, wie wir uns gegenseitig immer wieder manipulieren und in einem Netz gegenseitiger Abhängigkeiten verfangen sind. Spätestens, wenn wir uns erschöpft von einer In-Party zum nächsten Empfang schleppen, sollten wir erkennen, dass auch der Erfolg zur Falle werden kann.

∗∗∗

Sei allzeit bereit

Es gibt keinen Unterschied zwischen „wenn die Zeit gekommen ist" zu „jetzt". Wir müssen immer bereit sein, uns Verantwortungen zu stellen, und eine Zeitverzögerung wirkt sich meistens nur zu unserem Nachteil aus.

***

Schwere öffentliche Fehler

Selbst schwere öffentliche Fehler brauchen einem nicht unbedingt Schimpf und Schande einzubringen. Oft ist es nur notwendig, dass man schnell die Konsequenzen zieht und sich rechtzeitig und mit der nötigen Würde aus seinen öffentlichen Positionen zurückzieht.

***

Bemühe dich täglich, ein guter Krieger zu sein

Wer sich nicht wirklich täglich darum bemüht, wer sogar nicht einmal im Traum daran denkt, ein guter Krieger zu sein und seine Tage vergeudet, der hat in der Tat Strafe verdient.

Strategische Herausforderungen werden nicht durch innerbetriebliche Ränkespiele und Büropolitik gemeistert. Wer herausragend sein will, muss täglich an seinem Führungsstil und seinen strategischen Kenntnissen und Instinkten arbeiten. Ansonsten verdient er die Niederlagen, die sich in seiner Karriere höchstwahrscheinlich früher oder später einstellen werden.

Auf der anderen Seite sollte das auch ein wichtiges Kriterium sein, nach dem man seine Mitarbeiter beurteilt und belohnt.

***

Der Weg des Samurai besteht aus dem Üben des Sterbens

Für einen wahren Krieger ist es unverständlich, wie sich manche Menschen ohne Bemühen und voller Nachlässigkeit durchs Leben stehlen. Der Weg des Samurai besteht dagegen darin, sich jeden Morgen im Sterben zu üben und sich seinen Tod in den unterschiedlichsten Formen auszumalen. Das mag zwar schwierig klingen, wer aber fest dazu entschlossen ist sie zu erwerben, dem wird diese Geisteshaltung auch gelingen.

Erfolg stellt sich dann ein, wenn man bereit ist, sich täglich neu den Herausforderungen, eine gute Führungskraft zu werden, zu stellen. Vor allem darf man sich dabei von den Risiken, die mutige Aktionen immer bieten, nicht schrecken lassen.

Eine Hilfe ist die tägliche GAU-Analyse: Was ist der größte anzunehmende Unfall? Was kann denn schief gehen und was wird dann geschehen? Die Amerikaner nennen das „Worst Case Scenario". Wer sich solche Reaktionen ausmalt und sich bewusst entscheidet, sich davon nicht abschrecken zu lassen, der hat beste Voraussetzungen dafür, seinen Mitarbeitern ein

Vorbild an Mut und Entschlossenheit zu bieten und das ganze Team zu Höchstleistungen zu führen.

Gerade die Entrepreneure der New Economy brauchen solchen Wagemut. Und ebenso die Führungskräfte in den traditionellen Unternehmen, die mit ihnen mithalten wollen und das nur können, wenn sie für ihren Verantwortungsbereich ebenfalls entsprechend mutige Entscheidungen zu treffen.

***

Der Sieger überraschte kaum: Bertelsmann-Chef Thomas Middelhoff ist nach dem Urteil der Juroren der wichtigste Deutsche im Internet ... Zu diesem Ergebnis kam die siebenköpfige Jury von „Kressinternet", „Net-Business" und „Horizont", die sich vorgenommen hatte, die Macher des E-Business zu ranken. Wer war früh dabei? Wer hat Erfolg mit seinem Konzept? Und wer investiert am konsequentesten in das neue Medium? ... Die Begründung der Jury für die Verleihung des 1. Platzes an den Bertelsmann-Chef: „Middelhoff hat früh den Trend zum Internet erkannt und den Tanker Bertelsmann auf Web-Kurs gebracht".

(„Netzwerker und Internetstrategen",
Horizont 22/2000)

***

Die Macht des Wortes

Worte haben einen wichtigen Einfluss auf strategische Situationen. Oft kannst du deine Ziele nur durch die Macht des Wortes erreichen.

Gerade im Kampf siegt oft nicht nur die bessere Strategie, sondern die bessere Psychologie. Und unsere Kommunikation ist das Medium, durch das sie übermittelt wird. Nach innen genauso wie nach außen.

***

Entschlossenheit in der Niederlage

Sogar wenn einem in diesem Augenblick der Kopf abgeschlagen wird, sollte man noch in der Lage sein, eine weitere Aktion mit sicherem Willen auszuführen.

Entschlossenheit und Mut sind nicht nur ein Schlüssel zum Erfolg, sie bieten oft auch den besten Schutz gegen ungerechtfertigte Angriffe anderer. Wer weiß, dass er einen Tiger beim Schwanz packt, wenn er uns angreift, überlegt sich seine Handlungen vielleicht zweimal, bevor er uns entgegentritt.

Oft muss man gar nicht der Stärkere sein. Es genügt schon, wenn man für seine Entschlossenheit bekannt ist, um in Frieden gelassen zu werden.

***

Handle schnell, denn du bist sterblich

Arme und Reiche, Menschen von hohem oder niedrigem Rang, Alte und Junge, Erleuchtete oder Verwirrte, sie alle haben eines gemeinsam: Sie werden eines Tages sterben. Natürlich wissen wir das. Aber wir leben gerne in der vagen Hoffnung,

dass für uns der Tod noch in weiter Ferne liegt. Aber das ist nur oberflächliches Denken. Es ist sinnlos, nichts als ein Witz in einem Traum. Der Tod lauert immer an unserer Tür. Wir müssen entsprechend mit Schnelligkeit handeln, bevor es zu spät ist.

Der Intel-Chef Andrew Grove hat sein Motto sogar als Buchtitel gewählt: Nur die Paranoiden überleben. Wer glaubt, er könne sich einfach zurücklehnen und die Ereignisse der kommenden Jahre auf sich zukommen zu lassen, den lässt die New Economy noch viel schneller im Staub der Geschichte zurück, wie die Old Economy das bereits tat.

Nur wer weiß, wie verwundbar er täglich als Führungskraft ist, nur wer weiß, wie schnell das ganze Unternehmen auf die Verliererseite geraten kann, gibt sich nicht solchen Illusionen hin, sondern nutzt die aus dieser Erkenntnis erwachsende emotionale Spannung dazu, noch schneller und mutiger zu handeln. Weil er weiß, dass ohne hohe Geschwindigkeit und großen Mut selbst das persönliche wirtschaftliche Überleben genauso wenig gesichert ist, wie das des ganzen Unternehmens.

$$* * *$$

Sei souverän in deiner Kunst

Wer sehr geschickt in einer Kunst ist, sieht die anderen gerne als Konkurrenten. Deshalb ist es besonders lobenswert, dass Hyodo Sachu seinen Meistertitel im letzten Jahr freiwillig an Yamaguchi Shochin abgab.

Wer souverän mit seinen eigenen Fähigkeiten und Potenzialen umgeht, erwirbt sich den Respekt der anderen. Dazu gehört zum einen, dass man mit aller Macht darum kämpft, dort Einfluss zu gewinnen und zu behalten, wo man sich sicher ist, dass man den optimalen Beitrag leisten kann. Auf der anderen Seite bedeutet es aber auch, dass man dort bereitwillig für Bessere den Platz räumt, wo diese zweifellos überlegen sind und nicht versucht, durch Intrigen und unter Ausnützung der verbliebenen Macht das Unvermeidliche noch etwas länger hinauszuzögern.

* * *

Sei immer heldenhaft

Man muss zu allen Zeiten auf Unerwartetes vorbereitet sein. Wer sich im eigenen Schlafquartier anders fühlt als auf öffentlichen Plätzen, oder auf dem Schlachtfeld anders als zuhause auf der Schlafmatte, der wird im Augenblick der Entscheidung hilflos sein. Nur ständige Bereitschaft schützt gegen solche Fehler. Wenn es keine Männer gäbe, die zuhause auf der Schlafmatte eine heldenhafte Einstellung haben, dann gäbe es sie auch nicht auf dem Schlachtfeld.

Das heißt auch, dass es nicht lange gut gehen kann, wenn die private und die öffentliche Führungskompetenz weit auseinander klaffen.

* * *

Der Mut in der Krise ist der wahre Mut

Mut und Feigheit können nicht in Zeiten des Friedens bestimmt werden.

Diamanten unterscheiden sich von Kohle nur durch den Druck, dem die Kohle ausgesetzt wurde. Ohne entsprechenden Druck entstehen auch keine Edelsteine. Den Europäern wurde oft vorgeworfen, vor allem Schönwetter-Manager zu sein. Aber die Krisen der letzten Jahre tragen Früchte. Sie kommen hierzulande den Menschen zugute, die nicht davor zurückschrecken, hinauszuziehen, um sich ihren Anteil an der globalisierten Wirtschaftswelt zu erobern.

***

Tue, was dir gefällt

Das menschliche Leben ist eine kurzfristige Angelegenheit. Es ist deshalb besser, im Leben die Dinge zu tun, die man tun möchte. Es ist töricht, in diesem Traumgebilde von einer Welt zu leben und Unangenehmes zu erleiden und doch sein ganzes Leben damit zu verbringen, Dinge zu tun, die man nicht wirklich tun möchte.

Man muss dieses Prinzip aber richtig verstehen. Deshalb ist es nicht angebracht, es jungen Menschen zu vermitteln.

Ohne Freude an der Arbeit, ohne das Hochgefühl des Aufgehens in einer erfüllenden Aufgabe, kann man auch nicht langfristig erfolgreich sein. Wer sich immer wieder zur Arbeit schleppen muss, wird dort nichts Hervorragendes leisten können. Langfristig geht es also nicht darum, jeweils das zu tun, was die Karriereratgeber gerade empfehlen, sondern sich aus den eigenen Stärken und Neigungen heraus – und durchaus auch eingedenk der eigenen Schwächen – eine Aufgabe zu suchen, in der man wirklich aufgehen kann.

Die jungen Menschen von heute sehen sich da in einer glücklicheren Lage: Dort wo hochkreative Leistungen besonders geschätzt werden, ist es durchaus möglich, Spaß und Arbeit miteinander zu verknüpfen. Aber der Erfolg ist auch heute noch das Produkt harter Arbeit. Deshalb die Warnung, die jungen Mitarbeiter nicht nur dazu zu ermutigen, ihren beruflichen Neigungen zu folgen. Sie tendieren sowieso im Idealismus der Jugend dazu, genau das zu tun. Aber beides ist erforderlich: Begeisterung für die Aufgabe und die Bereitschaft, sich seinen Platz in dem ausgesuchten Feld mit viel Einsatz zu erarbeiten.

***

Achte auf deine Träume

Der Zustand eines Menschen offenbart sich in seinen Träumen. Es wäre deshalb gut für dich, dir deine Träume zu Gefährten zu machen.

Träume sind ein wesentlicher Bestandteil unserer Selbsterkenntnis. Wir sollten ihnen Beachtung schenken. Angst oder Mut können in ihnen deutlicher zum Ausdruck gebracht werden und sie zeigen uns unsere Schwachstellen auf.

Ebenso sind unsere Visionen für unser Leben und unsere Arbeit, an denen wir trotz aller Widerstände festhalten, Zeichen für unsere Charakterstärke. Nenne mir deine Visionen, und ich werde dir sagen, wer du bist!

***

Korrigiere Fehler schnell

Wenn jemand seine Fehler korrigiert, werden ihre Spuren bald verschwinden.

Wir alle machen Fehler. Oft hilft es, die daraus resultierende Situation offen anzugehen. Vertuschungsversuche führen dagegen oft zu noch größeren Fehlleistungen.

***

Erliege nicht der Selbsttäuschung

Ein Mensch wird zunehmend stolzer, wenn er ein wenig an Verständnis gewinnt. Er glaubt dann, seine eigenen Grenzen und Schwächen zu kennen. Es ist aber sehr schwierig, seine eigenen Grenzen und Schwächen wirklich zu kennen.

In keinem Bereich kann Wissen mehr zu einem zweischneidigen Schwert werden, als wenn es um die eigene Selbsteinschätzung geht. Da kann kein Karriereratgeber oder Persönlichkeitstest das tiefgründige Nachdenken über die eigene Persönlichkeit und ihre Potenziale und Probleme ersetzen.

Wahre Selbsterkenntnis ist schwer zu erreichen. Aber die Möglichkeiten, die sie für ein erfülltes und erfolgreiches Leben eröffnet, sind den Einsatz wert. Deshalb ist die Aufforderung „Erkenne dich selbst" eine der wichtigsten Maximen der großen Strategen.

Tiefes Nachdenken lohnt sich dabei natürlich nicht nur bei der eigenen Person, sondern auch beim eigenen Team oder beim eigenen Unternehmen.

***

Das Wesen der Würde

Die Würde eines Menschen kann auf unterschiedliche Weise zum Ausdruck kommen: Es gibt die Würde im Auftreten. Wer Ruhe bewahrt, demonstriert Würde. Würde kann auch darin liegen, dass man nur wenige Worte macht oder eine tadellose Etikette an den Tag legt. Man kann sich allgemein würdevoll benehmen oder sich durch eine tiefe Einsicht und eine klare Perspektive als würdevoll erweisen.

Aber all diese Dinge bewegen sich nur an der Oberfläche. Am Ende basiert wahre Würde auf Einfachheit des Denkens und Festigkeit des Geistes.

Innere Ruhe und Frieden, klare Selbsterkenntnis und die Entschlossenheit, den eigenen Prinzipien gemäß auch dann zu leben, wenn man damit auf Widerstand stößt, waren schon immer die Zeichen eines großen Geistes. Solche Menschen strahlen eine natürliche Würde aus, weil sie in sich selbst ruhen. Keine Statussymbole und Machtbekundungen können dieser Art von Würde am Ende das Wasser reichen.

***

Weisheit, Menschlichkeit und Mut

Probleme unter Menschen erwachsen oft aus charakterlichen Grundeinstellungen. Begehrlichkeiten, Unbeherrschtheit, Ignoranz sind fast immer dort beteiligt, wo gravierende Konflikte auftreten und das nicht selten auf beiden Seiten. Echte Fortschritte werden dagegen meist nur dort erreicht, wo Weisheit, Menschlichkeit und Mut im Spiel sind. Deshalb sollte diesen Primärtugenden auch bei der Auswahl der besten Führungskräfte und Mitarbeiter ein besonderer Stellenwert eingeräumt werden.

***

Würdige die Leistungen eines Menschen

Es gibt Menschen, die sich im Unternehmen hocharbeiten. Andere erreichen eine hohe Position deshalb schnell, weil sie erst ein Studium absolvierten. Es ist müßig, sich darüber zu streiten, welches der bessere Weg ist. Beides hat Vor- und Nachteile. Geschätzt werden sollte derjenige, der seine Position aufgrund herausragender Leistungen und nicht aufgrund politischer Ränkespiele erreicht hat.

***

Die Nachteile von Wissen

Es gibt Zeiten, in denen ein Zuviel an Wissen hinderlich sein kann. Man muss auch dieses Thema mit Vorsicht angehen.

Auch im täglichen Leben kann es einen in seiner Entscheidungskraft behindern, wenn man zuviel über die jeweiligen Umstände weiß. Man sollte diese Dinge deshalb umsichtig angehen.

Ein weiser Rat gerade auch angesichts des Booms, den heutzutage das Wissensmanagement bei der Unternehmensführung erlebt. Gerade im Wirtschaftsbereich kann Wissen, dessen Erwerb und Verwaltung Zeit, Aufwand und finanzielle Mittel erfordert, nie Selbstzweck sein. Man muss sich über die Wissensziele im Klaren sein und erkennen, dass das Wissen nur ein Werkzeug zur Erreichung unternehmerischer Ziele ist.

Ein anderer Aspekt ist, dass Entscheidungen gerne mit der Ausrede auf die lange Bank geschoben werden, man bräuchte erst noch mehr Informationen. In einer Welt, in der die Schnellen die Langsamen besiegen und in der gleichzeitig soviele Unwägbarkeiten vorliegen, dass ein wenig mehr an Wissen auch nicht viel weiterhilft, kommt es oft mehr darauf an, mutig seinen Instinkten zu folgen, als sich hinter immer mehr Informationen zu verschanzen.

***

Kraft durch Geschwindigkeit

Mache einen schnellen Schritt, und du wirst eine Wand aus Eisen durchbrechen.

Es ist eine Grundregel der asiatischen Kampfkünste, dass ein Schlag, der mit großer Geschwindigkeit geführt wird, ein Vielfaches der Kraft eines langsameren Schlages hat.

In der New Economy herrschen ähnliche Regeln: wer frühzeitig radikale Marktvisionen entwickelt und diese mit hoher
Geschwindigkeit umsetzt, kann seine potenziellen Konkurrenten um solche Größenordnungen überflügeln, dass sein Vor-
sprung fast uneinholbar wird.

***

Nimm deine Zweifel ernst

**Menschen, die ständig auf Kleinigkeiten herumhacken, he-
gen oft verborgene Absichten. Zumindest kommen einem da
Zweifel.**

Gerade viele Meetings und Besprechungen sind im Grunde
nichts anderes als Gelegenheiten für die einzelnen Teams und
Abteilungen, ihre politischen Ränkespiele voranzutreiben.

Wenn in dieser Hinsicht Zweifel an der Ernsthaftigkeit der
jeweiligen Diskussionsbeiträge – in dem Sinne, dass sie ja eigentlich allein dem Wohl des Unternehmens dienen sollten –
aufkommen, dann sollte man diese Zweifel ernst nehmen. Eine
genaue Analyse aller Diskussionsbeiträge kann da erstaunliche Erkenntnisse über die verborgenen Absichten und Strategien der einzelnen Gruppen und Personen vermitteln.

***

Beteilige dich nicht an politischen Ränkespielen

Du solltest vorsichtig sein und dich nicht mit unbedachten Äußerungen in unerfreuliche Angelegenheiten einmischen. Du machst dir damit nur Feinde und gerätst in die Schusslinie. Bleibe lieber zu Hause und lese Gedichte.

Natürlich kann es sich keine Führungskraft leisten, lieber zuhause zu meditieren, wenn es im Unternehmen unter den einzelnen Gruppen drunter und drüber geht. Trotzdem muss man sein Team aus der Schusslinie halten und sollte sich nicht unnötig an den Intrigen und Ränkespielen beteiligen. Es sei denn, man würde selbst angegriffen, aber dann gibt es bessere Mittel zur Verteidigung als die Beteiligung an Schmutzkampagnen.

***

Bemühe dich um inneren Frieden

Das Herz eines herausragenden Menschen hat Ruhe in sich selbst gefunden. Er stürzt sich nicht unbedacht in Angelegenheiten. Ein Mensch von wenig persönlichem Wert hat keinen Frieden mit sich selbst. Er sucht, immer Unruhe zu stiften und liegt mit allen im Streit.

Unnötige Aggressivität ist oft ein Zeichen innerer Unzulänglichkeit. Zumindest hat die betreffende Person das Gefühl, im Grunde nicht mit den anderen mithalten zu können.

Entsprechend sollten die daraus resultierenden Verhaltensweisen gewertet werden: sie sind Zeichen großer innerer Verunsicherung.

Ein Mensch, der mit sich selbst ins Reine gekommen ist, ist ruhig und gelassen und erringt auf diese Weise größere Siege als der aggressive Unsichere.

***

Die Welt als Traum

Es ist sinnvoll, die Welt als Traum zu sehen. Wenn man zum Beispiel aus einem Alptraum erwacht, dann kann man sich damit beruhigen, dass alles nur ein Traum war. Manche sagen, die Welt in der wir leben, sei auch nicht anders.

Gerade in Zeiten des Internets und des E-Commerce hat auch das spielerische Element Einzug in die Wirtschaft gehalten. Es hilft, das Ganze nicht so tierisch ernst zu sehen. Selbst die Schwankungen an der Börse zwingen die Beteiligten, ihre Aktivitäten mit einer gewissen Distanz und Gelassenheit anzugehen.

Das Leben als Traum und Spiel ist deshalb auch ein gutes Paradigma, um mit der New Economy und ihren emotionalen Anforderungen angemessen umzugehen. Solange man die Analogie nicht zu weit treibt. Denn trotz allem stehen auch hier Existenzen schnell zur Disposition und Arbeitsplätze schnell auf dem Spiel.

***

Wahrheit und Trug

Intelligente Menschen neigen dazu, Wahrheit und Trug nach eigenem Gutdünken zu formen. Auf diese Weise kann sich Intelligenz als schädlich erweisen, denn ohne klare Wahrheiten sind alle Bemühungen am Ende vergeblich.

Intelligenz und Kompetenz der Manager und Mitarbeiter sind nicht die einzigen Faktoren für den Unternehmenserfolg. Dazu gehört auch eine möglichst objektive Einschätzung der inneren und äußeren Gegebenheiten. Wenn Einzelne ein solches Bemühen aktiv intern torpedieren, dann kann deren erhöhte soziale und mentale Intelligenz sich sogar negativ auf die Zukunft der Gesamtorganisation auswirken.

***

Emotionale Intelligenz

Mitgefühl verhindert, dass man die anderen als weniger wichtig erachtet. Mangelndes Einfühlungsvermögen führt zu negativen Gefühlen und Streit. Wer dagegen mit Mitgefühl reagiert, vermeidet Konflikte mit seinen Mitmenschen.

Im Hagakure wird das, was später als Emotionale Intelligenz oder Soziale Kompetenz tituliert wurde, bereits als wichtiger Erfolgsfaktor gewertet.

Vor allem kommt es auf soziale Fairness an: Man stellt die eigenen Bedürfnisse nicht über die der anderen, sondern ist fähig, sich in ihre Lage zu versetzen und aus dieser Situation heraus Entscheidungen zu treffen, die gerecht sind und nicht nur eigennützig. So vermeidet man Konflikte und gewinnt Verbündete.

***

Unerfahrenheit

Wer wenig weiß, plustert sich auf und versucht, andere zu blenden. Das hängt mit seiner Unerfahrenheit zusammen. Wer dagegen in einer Angelegenheit viel Wissen hat, ist selten versucht, sein überlegenes Wissen zur Schau zu stellen. Er tritt dagegen mit sanftem Wesen auf.

Viel Schaden wird in der Wirtschaft dadurch angerichtet, dass Unsicherheit mit Kompetenz verwechselt wird. Es sind aber selten die lauten Experten, die wirklich Bescheid wissen oder die lautstarken Führer, die wirklich Höchstleistungen in ihren Mitarbeitern inspirieren können. Da leben Menschen oft nur ihre eigenen Unsicherheiten und Minderwertigkeitskomplexe aus. Und verstellen die Sicht auf die wahren Experten und die heimlichen Führer. Diese Menschen gieren aber gar nicht mehr nach Aufmerksamkeit. Ihre Bescheidenheit wird dann fälschlicherweise für Schwäche gehalten. Zum Schaden aller werden deshalb die Falschen als Experten ins Team berufen oder zu Teamleitern erklärt.

***

Extremismus

Selbst wenn eine gute Sache zu weit getrieben wird, ist das schädlich.

Wir Menschen neigen zu Extremen. In der Massenkultur führt das zu unerfreulichen Exzessen. Heute werden Menschen in den Himmel gehoben, morgen als Monster öffentlich verdammt, obwohl sie selbst sich in der Zwischenzeit kaum verändert haben.

Ähnliches geschieht auch mit den immer wieder in regelmäßigen Abständen auftauchenden Managementtrends. Übertriebene Einseitigkeiten schaden da meist mehr als sie nützen.

Gerade bei der New Economy tritt da immer wieder die Gefahr der extremen Sichtweise auf. Kaum ein Konzept ist so phantastisch, wie man dann allen glauben machen möchte. Auf der anderen Seite sind viele Unternehmen der „Old Economy" nicht so weit im Hintertreffen, wie manche Analysten und Journalisten einem glauben machen wollen. Zu ein, zwei eigenen Internet Start-ups reicht auch das „alte" Kapital allemal, und bei ein wenig Flexibilität lassen sich auch unter den eigenen Mitarbeitern die geeigneten Personen für ein solches Projekt finden.

Gefährlich wird das Ganze, wenn die Börse selbst in einen solchen Extremismus der Sichtweise hineingezogen wird. Angesichts des volkswirtschaftlichen Einflusses der Börsenkurse kann das schnell zu größeren Problemen führen.

***

Professor Fredmund Malik, Leiter des Management-Zentrums St. Gallen über übertriebenes Spezialistentum:

„Der zweite Maurer ist ein großes Problem: Er ist ein Spezialist. Ein Spezialist ist nicht nur jemand mit besonderen Kenntnissen oder einer besonderen Ausbildung, sondern – und das ist das Problem – mit einem darauf aufbauenden und daraus resultierenden Selbstverständnis und Weltbild ... Er ist an allem, was in seinem Fach geschieht, brennend interessiert. Das ist die gute Seite, denn das ist sein Berufsethos. Alles andere interessiert ihn jedoch überhaupt nicht – und das ist Indifferenz. Er ist mit Recht auf seine Expertise stolz. Doch er ist ebenso stolz darauf, von allem anderen nichts zu verstehen – und das ist Arroganz.

Indifferenz und Arroganz sind die herausragenden Untugenden der Spezialisten, und sie stellen für jede Organisation ein gravierendes Problem dar ..."

(„Gute Manager leisten einen Beitrag für das Ganze", WISU 4/00)

***

Heldentum

Militärisches Heldentum ist eine Frage des Fanatismus.

Wer in einer Lebensaufgabe aufgeht, wird auf dem gewählten Gebiet mit hoher Wahrscheinlichkeit auch Herausragendes leisten. Das gilt zum einen für militärisches Heldentum. Es gilt aber auch für Führungsaufgaben. Ob es sich um Wirtschaft oder Politik handelt, es waren immer die Visionäre, die ihre Ziele mit großem Eifer und großem Einsatz anstrebten, die danach auch große Ergebnisse erzielten. Während Extremismus in der Methodik oft zu Fehlentwicklungen führt, ist eine rückhaltlose Begeisterung hilfreich, wenn die Ziele gut gewählt sind und dem echten Wohl aller Beteiligten dienen.

***

„Fanatical Customer Service" ist der Leitgedanke von Viking Direct.

> *(„Fanatische Anhänger der Servicekultur",*
> *Horizont 44/99)*

***

In der ZDF-Sendung „Wetten dass ...?" vom Januar 2000 war auch Bill Gates, „der reichste Mann der Welt" zu Gast. „Wir hatten eine Vision ...", so die Antwort des legendären Microsoft-Chefs auf die Frage, was das Erfolgsgeheimnis des (börsenmäßig) größten Unternehmens der Welt sei.

Auch Steve Case, der mit AOL einen Giganten des Internetzeitalter als CEO entscheidend mitschuf, wird nachgesagt, schon sehr früh seine Vision von einem umfassenden Online-Dienst gehabt zu haben.

Beide Männer haben ihre Vision mit großem Einsatz verfolgt und in nur wenigen Jahren verwirklicht und damit Industriegiganten überflügelt, die seit vielen Jahrzehnten auf dem Markt tätig sind.

***

Freunde und Verbündete

Wenn ein Freund oder ein Verbündeter einen Fehler gemacht hat, dann tadle ihn privat, öffentlich aber versuche ihm zu helfen und weise auf seine sonstigen guten Seiten hin. Dadurch wird sein Ruf wiederhergestellt, er selbst aber erhält die Gelegenheit, sich zu ändern. Handhabe solche Angelegenheiten alleine unter dem Aspekt des Mitgefühls.

Wer will, dass seine Kollegen und Mitarbeiter Verbündete werden und bleiben, kann mit diesem Prinzip viel Positives erreichen. Stärke ihnen, wo möglich, öffentlich den Rücken und dann wasche ihnen privat den Kopf, das ist das Prinzip des Hagakure. Wenn ein Mensch sich auf berechtigte Kritik hin überhaupt verbessert, dann meistens nur unter diesen Bedingungen.

Dabei sollte es auch nie darum gehen, dass man selbst nur Dampf ablassen will. Kritik hat nur dann einen Sinn, wenn es am Ende um die gemeinsame Zukunft geht. Zukünftiges Fehlverhalten soll vermieden werden, ein die Zukunft beeinträchtigender Imageschaden wieder repariert oder minimiert werden. Vor allem die Kritisierten werden meist sehr wohl in der Lage sein zu beurteilen, welchen Zwecken die Kritik eigentlich dienen sollte und entsprechend darauf reagieren. Kritik als Selbstzweck wird dabei innerlich immer abgelehnt, egal was der Betroffene äußerlich bekunden mag.

***

Die zwei Grundhaltungen

Es gibt zwei Grundhaltungen: die eine ist nach außen gerichtet, die andere nach innen. Wer nicht beide Haltungen gelegentlich einnimmt, verliert seine Effektivität. Man muss sein Schwert scharf halten und gelegentlich mit einer Drohgebärde ziehen, es ansonsten aber in der Schneide lassen. Wer dagegen ständig mit seinem blankgezogenen Schwert herumfuchtelt, wird von den Leuten gemieden werden und keine Verbündeten finden. Wer auf der anderen Seite sein Schwert nie zieht, dessen Schwert wird in der Schneide stumpf und rostig und die Leute denken dann, er sei genauso.

Ständig aggressives Auftreten stößt die anderen nur ab und bringt am Ende nichts ein. Ebenso ist es mit demjenigen, der sich immer passiv verhält. Er verliert den Respekt der anderen und wird in der organisationsinternen Hackordnung allmählich ganz unten angesiedelt, egal welchen offiziellen Status er in der Organisation eigentlich einnimmt. Effektiver ist da Verbindlichkeit im normalen Umgang mit anderen, gepaart mit der Demonstration von fester Entschlossenheit in kritischen Situationen. Eine solche „Faust im Samthandschuh"-Haltung gewinnt Freunde und Respekt.

Ähnliches gilt für den sogenannten extrovertierten und introvertierten Persönlichkeitstyp. Ein guter Manager ist beides: er ist die extrovertierte Führungspersönlichkeit, die den eigenen Verantwortungsbereich mit hoher Motivationskraft und angemessener Kontrolle führt, gleichzeitig ist er auch ein guter Analyst, der tiefere Zusammenhänge erkennt und angemessen darauf reagiert.

***

Die tiefere Sicht der Dinge

Man kann sich nicht allein mit Cleverness durchlavieren. Manche Dinge erfordern eine tiefere, breitgefächerte Sicht. Deshalb helfen übereilte Entschlüsse nicht. Andererseits sollte man auch nicht nachlässig sein. Ein echter Samurai entscheidet schnell und verwirklicht seine Ziele dann ohne weitere Verzögerung.

Das richtige Timing ist auch im Wirtschaftsleben entscheidend. Selbst geniale Innovationen verpuffen wirkungslos, wenn sie zu früh auf den Markt kommen. Und kommen sie zu spät, werden sie ebenfalls ignoriert. Ein gutes Timing kann man aber nicht allein durch oberflächliche Cleverness und mit den üblichen Tricks erzielen. Das erfordert entweder eine erstaunlich gute Intuition oder eine eingehende Analyse ganzheitlicher Zusammenhänge. Der Samurai war darin geübt, den richtigen Moment abzuwarten und dann mit aller Macht zuzuschlagen. Entsprechendes gilt auch in der Wirtschaft und das wird sich in der New Economy nur noch verstärken.

$$* * *$$

Entwickle deine Mitarbeiter

Du solltest dich bemühen, die Fehler von Menschen zu korrigieren, die zu deinem Verantwortungsbereich gehören.

Die Mitarbeiterentwicklung ist ein wichtiger Aspekt der Führung. Das „Fehlerkorrigieren" hat letztendlich den Zweck, die Schwächen der Mitarbeiter zu vermindern. Gleichzeitig ist es wichtig, die Stärken der Mitarbeiter auszubauen. Entsprechend müssen individuelle Entwicklungsstrategien, die auch weiteres Training und Aufgabenzuteilungen enthalten, formuliert werden. Eine gute Führungskraft überlässt solche Prozesse nicht allein der Personalabteilung. Sie lernt die Mitarbeiter bewusst gut kennen und hilft dann auch aktiv bei deren Weiterentwicklung mit.

Führen heißt auch lehren und gute Leadership wird diesem Anspruch bewusst gerecht.

***

Achte auf die alten Mythen

Inmitten der langweiligen, wiederholt vorgebrachten Geschichten der Alten verbergen sich ihre größten Taten.

Jede Organisation hat ihre Geschichten und Mythen, die man auch den jungen Kollegen weitererzählt. Oft stecken in diesen Berichten von den „Heldentaten" und großen Erfolgen der Vergangenheit auch wichtige Informationen über die Kultur des Unternehmens und die Werte, die es zu seiner heutigen Größe geführt haben. Wer genau hinhört, kann zweierlei gewinnen: zum einen einen guten Einblick in die ungeschriebenen Gesetze des Unternehmens. Das hilft ihm dabei, sich besser in die Unternehmenskultur zu integrieren, was meistens ein karriereentscheidender Aspekt ist. Andererseits können gerade die Topmanager daraus auch Anregungen dafür erhalten, welche Werte bei den Mitarbeitern noch sehr lebendig sind und möglicherweise für eine Erneuerung des Unternehmens genutzt werden können.

Aus dem Hagakure:

Egal ob man von hohem oder von niedrigem Rang ist, eine Familiendynastie geht unter, wenn ihre Zeit gekommen ist.

Wenn man diesen Ruin zu diesem Zeitpunkt abzuwenden sucht, dann führt das meist zu einem noch unerfreulicheren Ende. Wenn jemand denkt, dass der entsprechende Zeitpunkt gekommen ist, dann ist es am besten, einen ehrenvollen Untergang zuzulassen. Wer das tut, kann die Dynastie auf diese Weise manchmal sogar noch retten.

Die Macht des Neuanfangs

Lass den unvermeidlichen Dingen ihren Lauf

Alles hat seine Zeit. So geht es Familiendynastien und oft auch Unternehmen. Gegen das Unvermeidliche anzukämpfen ergibt keinen Sinn. Oft wird uns zumindest unbewusst klar, dass sich etwas überlebt hat. Dann ist es am besten, den Dingen ihren Lauf zu lassen.

Manchmal hat ein Unternehmen seinen Zenit überschritten und seine Visionen soweit verloren oder überlebt, dass es keinen Sinn mehr macht, Kapital und Kreativpotenzial weiterhin in ihm zu verschwenden.

Manchmal ist eine Fusion nötig, und das nicht unbedingt unter Gleichen, sondern als „Übernahme", um dem alten Unternehmen als neuem Geschäftsteil eines dynamischeren, visionäreren Unternehmens einen Neuanfang zu ermöglichen.

Manchmal besteht aber auch die Chance für eine echte Neuorientierung, wie das zum Beispiel einem ehemaligen Reifenhersteller gelang, der heute weltweit als Telekommunikationsgerätehersteller wieder ganz vorne in der ersten Weltliga mitmischt.

Wichtig ist, dass man sich nicht dem Lauf der Zeit, dem stetigen Rhythmus aus Leben und Tod, der unsere Welt prägt, widersetzt, sondern im Einklang mit ihm gezielte Steuerungsprozesse einleitet. So kann man immer wieder auf verschiedene Art zu einem neuen Anfang finden, der wieder Hoffnung für die Zukunft gibt.

Nicht selten gilt das auch für die eigene berufliche Zukunft. Wenn sich eine Zusammenarbeit mit den anderen in einer Abteilung oder einem ganzen Unternehmen überlebt hat, muss man rechtzeitig weiterziehen, wenn man den eigenen Entwicklungsrhythmus nicht stören und hemmen will.

Manchmal gilt das sogar für den eigenen Beruf.

In den USA, so heißt es, wechselt der Durchschnittsamerikaner in seinem Berufsleben zehnmal den Arbeitsplatz und dreimal das Berufsfeld. In dem Maße, in dem unsere Wirtschaft an Dynamik zunimmt, kann das auch für uns sinnvoll werden.

***

Die Geistesverwandtschaft der Krieger

Es gibt nichts, was so stark gefühlt wird wie das Ehrgefühl des Kriegers.

Die wahren Krieger sind einander auch über die Jahrhunderte hinweg geistig verbunden. Auch dann, wenn sie sich manchmal auf verschiedenen Seiten in der Schlacht gegenüber stehen. Das zeigt sich darin, dass die großen Strategielehren der Menschheitsgeschichte bis auf den heutigen Tag bewundert und in vielen ihrer Kernaussagen auch von heutigen Strategen als wichtig erachtet werden. Deshalb liest man, mittlerweile auch über alle Kulturen hinweg, heute noch Sunzu, Musashi, Machiavelli oder Clausewitz. Napoleon errang seine Siege auch mit der Hilfe von asiatischen Strategielehren und MaoTse-tung nutzte die älteste Strategielehre der Welt für den Aufbau einer modernen kommunistischen Weltmacht. Andere Lehren, wie das Hagakure oder das indische Kshatriya Dharma, gelten noch eher als Geheimtipp. Im Endeffekt durchweht aber all diese

Lehren derselbe Geist der Strategie und sie ergänzen einander in einer Weise, die hilft, das große Puzzle der Strategie zu einem immer komplexeren und effektiveren Gesamtgebilde zusammenzufügen. In diesem Geiste haben sich die großen militärischen Strategen meist auch gegenseitig dann Respekt entgegengebracht, wenn sie zu feindlichen Lagern gehörten. Und auch heute noch werden die besonders effektiven und strategisch geschickten Manager auch von ihren Konkurrenten geachtet.

* * *

Besonders stark hat sich Miyamoto Musashi, dessen Werk auch ins Hagakure einfloss, für die geistige Bruderschaft der Samurai ausgesprochen. Im modernen Sinne könnte man die für ihn höchste Stufe der strategischen Entwicklung so zusammenfassen:

„Als Endprodukt einer solchen Entwicklung auf allgemeiner Ebene eines Marktes würde ein Netzwerk objektiver, evolutionsorientierter, rationaler, sozial verantwortlicher Chaosmanager stehen. Ein solcher Markt wäre weniger von Konkurrenzdenken und mehr von strategischer Kooperation und ständig wechselnden Allianzen gekennzeichnet, wobei das Endziel darin läge, durch eigene Managementbemühungen einen möglichst optimalen Verbund an hochwertigen Produkten und Dienstleistungen gepaart mit wesentlichen positiven Beiträgen zum Gemeinwohl einschließlich der sozialen und ökologischen Bereiche herzustellen.

Wer Musashi in seiner letzten Konsequenz ernst nimmt, der wird dazu beitragen, dass eine Art moderner Bruderschaft wohlwollender Samurai-Manager entsteht, die sich ihrer Ver-

antwortung für die positive Entwicklung der Zustände in unserer Welt bewusst sind, die sich dem Wohl der gesamten Menschheit einschließlich der kommenden Generationen verpflichtet fühlen, und die dieses Ziel unter Einbezug einer permanenten eigenen moralischen Vervollkommnung anstreben.

Ein solcher ‚Solidarpakt' würde in dieser umfassenden Zielsetzung über alle politischen, sozialen und sogar religiösen und ideologischen Barrieren hinweg eine starke Weltströmung zugunsten aller Menschen guten Willens auslösen.

Diese neuen Helden des Chaos würden den Samurai-Faktor gezielt umsetzen und als unabhängige Agenten für das ideale Chaosmanagement im Grunde im Dienste der gesamten Menschheit stehen. Es würde eine Elite der internationalen Samurai entstehen, die mutig, stark, ehrlich und den höheren Werten verpflichtet ist. Ihr Heldentum würde in der Bereitschaft liegen, ihr Leben für das Richtige einzusetzen.

Nicht länger wären diese Manager lediglich aufopfernde und gleichzeitig machtbesessene Rädchen im großen Profitgetriebe, die trotz der hohen Vergütung im Grunde nur den weniger edlen Zwecken reiner Profitmaximierung dienen. Solche neuen Chaosmanager hätten immer zuerst Zeit für das Wesentliche, für sie wäre Umweltbewusstsein eine Frage der persönlichen Ehre und das Wohl ihrer Familien könnte ihnen nicht abgekauft werden.

Die letztendliche Botschaft von Musashi, die auch viele moderne Japaner in ihrem merkantilem Machtdenken nie verstanden haben, versucht nicht nur, einigen Wirtschaftspotentaten noch mehr Einfluss als bisher zu verschaffen. Was Musashi wirklich wollte, war die Grundlage einer besseren, vollkommeneren Welt zu legen. Einer Welt, in der die Strategen

Helden sind und in der die Vollkommenheit und nicht der wert-
freie Wohlstand das Endziel definiert."

(A. Drosdek: Der Samurai-Faktor.
Durch Chaosmanagement aus der Krise,
München 1994)

IV

Aus dem Hagakure:

Es gibt vier Arten von Führungskräften: Die erst Schnellen, dann aber Langsamen. Die Langsamen, dann aber Schnellen. Die immer Schnellen und, zuletzt, die immer Langsamen.

Die immer Schnellen sind Männer, die, wenn sie einen Auftrag erhalten, ihn schnell und exzellent ausführen.

Die Langsamen, dann aber Schnellen sind Männer, die nicht sehr viel zu verstehen scheinen, wenn sie ihren Auftrag erhalten, die sich dann aber sehr schnell vorbereiten und den Auftrag erfolgreich ausführen.

Die Schnellen, dann aber Langsamen sind Männer, die bei der Auftragsvergabe den Eindruck erwecken, dass sie die Angelegenheit schnell zu Ende bringen werden, die *sich dann aber bei der Vorbereitung Zeit lassen und das Ganze auf die lange Bank schieben. Von dieser Art Menschen gibt es viele.*

Der Rest gehört zu den „immer Langsamen".

Folge dem Weg

Der ideale Führer

Ideale Führungskräfte und Mitarbeiter sind diejenigen, die ihre Aufgaben kompetent und im vorgegebenen Zeitrahmen erfüllen. Solche Menschen im Unternehmen zu fördern, ist sinnvoll und nutzbringend.

Eine Herausforderung stellen aber die Menschen dar, die sich immer geschickt ins rechte Licht zu rücken wissen und auch geschickt darin sind, Erfolge für sich zu reklamieren, deren wirkliche Leistungen bei genauerer Betrachtung aber weniger überzeugend sind. Sich selbst gut zu vermarkten, ist wichtig und gerechtfertigt, wenn die zugrundeliegende Leistung stimmt. Es lohnt sich aber, bei den Mitarbeitern und Kollegen einen Blick dafür zu entwickeln, wo Schein und Leistung am Ende auseinander klaffen.

***

Stelle den Weg des Samurai an die erste Stelle

Was ist schlimmer, die Hierarchie nicht zu beachten oder vom Weg des Samurais abzuweichen?

Die Kultur eines Unternehmens trifft in diesem Punkt eine essentielle Entscheidung: Was ist uns wichtiger, die „Befehlskette" oder die Werte und Prinzipien, die nicht selten sogar in

Form von gedruckten Leitlinien und Unternehmensvisionen zum Ausdruck gebracht werden? Glaubwürdigkeit nach innen und außen entsteht erst dort, wo die Unternehmensphilosophie über der Machtstruktur steht.

***

V

Aus dem Hagakure:

*Geschenke von Feinden sind höchstwahr-
scheinlich vergiftet.*

***

*Ein Mönch kann seinem Weg nicht gerecht
werden, wenn er nicht nach außen hin Mitgefühl und Verständnis demonstriert und innerlich voller Mut ist. Und wenn ein Krieger nicht
genug Mut nach außen demonstriert und
gleichzeitig enormes Mitgefühl und Verständnis in seinem Herzen hat, kann er kein guter
Gefolgsmann sein. Aus diesem Grunde strebt
der Mönch nach Mut mit dem Krieger als
Vorbild und der Krieger strebt nach dem
Mitgefühl und Verständnis des Mönches.*

***

Jemand, der sich nicht mit voller Kraft einer Sache widmet, ist nutzlos.

Wer sich selbst besiegt, gewinnt

Die Bedeutung des Einzelnen

Welchen Unterschied macht es, ob die eine oder die andere
Führungskraft von nun an für einen gewissen Unternehmens-
bereich verantwortlich ist? – Dort wo alles nach Funktionen
und Hierarchien geordnet ist, in der Regel keinen großen. Im
Gegenteil, eine geniale Führungspersönlichkeit würde oft nur
den Ablauf der Dinge stören, weil sie sich nicht damit begnü-
gen würde, lediglich ein höheres Rädchen im gleichen Getrie-
be zu sein.

Dieses Manko muss von den Unternehmen und Organisationen überwunden werden, wenn die Führungskräfte und Mitarbeiter ihr volles Potenzial entwickeln sollen. Es gibt auch
durchaus Beispiele, wo die erfolgreichen Unternehmen der
Vergangenheit von der Genialität Einzelner enorm profitier-
ten, weil sie entsprechend Freiräume schufen oder zumindest
zuließen.

In der Now Economy wird dieses Prinzip noch deutlicher:
Dort, wo es vor allem auf Ideen und Innovationen ankommt,
um den ungeheuren neuen Markt des E-Business zu erschlie-
ßen, zählt jeder einzelne Mitarbeiter. Nur wenn sich jeder voll
und innovativ einsetzt, hat ein Start-up die Chance, der Konkurrenz davonzueilen.

***

Soziale Kompetenz als unabdingbarer Erfolgsfaktor

Mitgefühl ist wie eine Mutter, die das eigene Schicksal nährt. Es gibt in der Vergangenheit und Gegenwart eine Vielzahl von Beispielen von gnadenlosen Kriegern, die nichts anderes als Mut kannten und dadurch zugrunde gingen.

Zahlenknechte, die nichts als Ergebnisse (und dann vielleicht noch die eigene Karriere) kennen, waren noch nie für den dauerhaften Lebenserfolg prädestiniert. Noch weniger werden sie in der Lage sein, in der New Economy Mitarbeiter zu kreativen Höchstleistungen zu beflügeln.

Emotionale Intelligenz und soziale Kompetenz, so lehrt das Hagakure, waren schon zu allen Zeiten Erfolgsfaktoren. Heute sind diese Eigenschaften mehr denn je ein Schlüssel zum Erfolg.

***

Schätze deine loyalen Mitarbeiter

Die Wahrheit schmerzt! Aber als Manager muss man der Tatsache ins Auge sehen, dass es nur wenige ausgesuchte Menschen gibt, die das Wohl des Unternehmens letztendlich über die eigene Karriere stellen. Wer einen solchen findet, sollte ihn wertschätzen, auch wenn er nicht zu den mühelosen Überfliegern gehört.

Gerade die jungen Internetunternehmen wissen, wie wichtig die Loyalität der Mitarbeiter ist. Wandern die zur Konkurrenz ab, hat das Start-up keine Chance. Entsprechend werden gerade in diesen Unternehmen die Mitarbeiter durch Aktien-optionen und durch ein Bemühen, die Arbeit mit Spaß zu ver-knüpfen, bei der Stange gehalten. Viele Großunternehmen, die dagegen noch keinen Bedarf sahen, die Mitarbeiter wesentlich am Unternehmenserfolg zu beteiligen, haben dadurch wert-volle Highpotentials für die eigenen Internetaktivitäten früh-zeitig verloren und versuchen jetzt händeringend, neue zu ge-winnen.

***

Der Wert der Loyalität

Loyalität und Dankbarkeit sind keine leeren Prinzipien. Ihnen wohnt eine Macht inne, die diejenigen aufbauen oder zerstö-ren kann, die entweder verantwortungsvoll oder verächtlich mit diesen uralten Werten umgehen.

Zum einen müssen die Unternehmen heute vermehrt ihre Wertschätzung für die Mitarbeiter zum Ausdruck bringen. Auf der anderen Seite riskiert aber auch der Mitarbeiter, der lieber in einer Art von modernem Söldnertum von einem Unterneh-men zum nächsten zieht, nur weil es dort noch mehr Gehalt und Aktienoptionen gibt, dass er mit dieser Verhaltensweise früher oder später ins Abseits gerät. Gerade in der New Econo-my können sich die Dinge schnell ändern und man sollte sich zumindest ein Netzwerk an tragfähigen und verlässlichen Be-ziehungen aufbauen.

***

Nachfolgeregelungen

Eine gesunde Unternehmenskultur zeichnet sich auch dadurch aus, dass Nachfolgeregelungen ohne großen aktiven oder passiven Widerstand von allen Beteiligten akzeptiert werden, weil alle darauf vertrauen können, dass solche Entscheidungen mit Weisheit getroffen wurden.

Das erfordert entsprechendes Verhalten vom Management. Wenn sich die Führungskräfte ständig gegenseitig torpedieren, dann hat der nächste Chef schlechte Karten, weil ihm die Mitarbeiter schnell unterstellen, dass er nur durch Intrigen zu seinem neuen Posten gekommen ist und nicht aufgrund von Kompetenz und Leistung.

***

Der Weg ist ein Reifeprozess

Erringe Ehre auf dem Weg des Samurai, während du heranreifst.

Der Weg zu einer herausragenden Führungskraft ist voller Herausforderungen. Er stellt einen Reifeprozess dar, der im Grunde niemals zu seinem Abschluss gelangt.

***

VI

Aus dem Hagakure:

Wer siegen will, muss zuerst seine Verbündeten überwinden. Wer seine Verbündeten überwinden will, muss zuerst sich selbst besiegen. Wer sich selbst besiegen will, der muss zuvor seine eigene Natur überwinden.

Es ist gerade so, als wenn ein Mann zehntausend Verbündete hätte, aber kein Einziger wäre ihm treu. Wer nicht zuerst seinen Geist und seinen Körper gemeistert hat, wird auch den Gegner nicht besiegen.

***

Glitzernde Rüstungen und eitel herausgeputzte Waffen demonstrieren nur Schwäche und einen Mangel an Kraft. Durch sie kann man die wahre Natur ihres Trägers erkennen.

Wahres Heldentum

Stelle dich den Herausforderungen

Wenn alles gut läuft, kann jeder ein Held sein. Wahres Heldentum zeigt sich aber erst dort, wo es einem mutigen Menschen gelingt, sich auch ohne die entsprechenden Rückversicherungen den gegenwärtigen Herausforderungen zu stellen.

Deshalb ist es auch ehrenhafter in solchen schwierigen Situationen mit wehenden Fahnen unterzugehen, als sich feige dort aus der Verantwortung zu stehlen, wo das Umfeld nicht optimale Sicherheit garantiert.

***

Konzentriere dich erst, dann handle

Wenn du in einer kritischen Situation um Hilfe gebeten wirst, dann nimm dir erst die Zeit, dich zu konzentrieren und deine Kräfte zu sammeln. Dann handle zur rechten Zeit aus einer stabilen Position heraus und versäume deine Chance nicht. Auf diese Weise ist dir der Erfolg sicher.

***

Vermeide undankbare Aufgaben

Seit Urzeiten gab es Aufgaben, die von vornherein ein schlechtes Omen mit sich trugen. Das sind diejenigen Herausforderungen, bei denen es beim Gelingen keinen Ruhm zu ernten gibt, ein Versagen aber große Schande mit sich bringt. Wer klug ist, meidet solche undankbaren Aufgaben.

***

Das Glück des Tüchtigen

Tanaka Yahei musste einmal, als er in Edo war, einen Untergebenen wegen besonders ungebührlichen Benehmens scharf zurechtweisen. Spätnachts hörte Yahei dann, wie sich jemand über die Treppe seinem Schlafgemach näherte. Er fand dies verdächtig und schlich mit dem Kurzschwert in der Hand zur Tür. Es stellte sich heraus, dass der vorher zurechtgewiesene Untergebene mit einem Kurzschwert im Gewand auf der anderen Seite der Tür stand. Mit einem einzigen Schlag streckte Yahei den Angreifer nieder. Später haben dann viele Leute behauptet, er hätte ungewöhnliches Glück gehabt.

„Das Glück gehört den Tüchtigen." Missgeschicke oder Erfolge werden zu Recht nicht selten unglücklichen oder glücklichen Umständen zugeschrieben. Dabei darf aber nicht übersehen werden, dass der Kompetente und Umsichtige statistisch gesehen bessere Chancen auf einen Erfolg hat.

Ein guter Krieger versteht deshalb, dass es keine festen Garantien im Leben geben kann. Er weiß aber auch, dass eine gute, geschulte Intuition, geschärfte strategische Instinkte und ein Bemühen um einen ständigen Ausbau der eigenen Kompetenz in allen Bereichen die Chancen auf einen Erfolg entscheidend erhöhen.

* * *

Respekt für andere

Ein Mann, der sich über andere lustig macht, ist selbst ein Narr.

Das Leben ist oft voller unerwarteter Winkelzüge. Deshalb ist eine Führungskraft auch gut beraten, sich an die Fakten zu halten. In einem guten Unternehmen sind Verantwortungen klar definiert und entsprechend können Urteile über Fehlverhalten oder Erfolg aufgrund der Tatsachen gefällt werden. Weitergehende Urteile sollte man sich aber in der Regel nicht erlauben. Dazu kennen wir meist die Hintergründe und Lebensumstände unserer Mitarbeiter nicht genug und können uns deshalb kein allgemein negatives Urteil berechtigterweise erlauben. Deshalb ist es auch eine der größten Verfehlungen oi ner Führungskraft, andere öffentlich verächtlich zu machen. Wenn man das überhaupt jemals tut, dann sollte man sich zuerst ernsthaft um ein volles Verständnis der Situation des anderen bemühen.

* * *

Entschlossenheit und Mut

Junge Männer sollten sich konsequent in Entschlossenheit und Mut üben. Das wird dadurch erreicht, dass man den Mut fest in seinem Herzen verankert. Wenn einer dir das Schwert zerbricht, dann schlage mit den Händen zu. Wenn einer dir die Hände abschneidet, dann bedränge den Gegner mit deinen Schultern.

Jeder Mensch hat einen Lebenszyklus. Ein weiser Mensch ist sich dessen bewusst und plant sein Leben entsprechend. Es ist besser, in jüngeren Jahren Härten und Anstrengungen auf sich zu nehmen, damit es einem am Ende des Lebens gut geht. Bedauernswert sind die Menschen, die es zu Anfang leichtfertig angehen und deshalb ihr Leben unter Schwierigkeiten und Entbehrungen beenden müssen.

Entschlossenheit und Mut, früh im Leben geübt und später konsequent umgesetzt, sind dabei entscheidende Faktoren dafür, dass das Leben mit größerer Wahrscheinlichkeit einen positiven Verlauf nimmt.

***

VII

Aus dem Hagakure:

Wenn ein Gefolgsmann sich nur auf das konzentriert, was er am heutigen Tag zu erledigen hat, dann kann er mit dieser Einstellung jede noch so schwierige Aufgabe erfolgreich zu Ende führen.

* * *

Wenn es nur um die Arbeit eines Tages geht, dann sollte jeder in der Lage sein, sie zu meistern.

Und morgen ist auch nur ein einziger Tag.

Jeder Tag zählt

Erkenne den Wert des Alltags

Komplexe Aufgaben können oft besser erfüllt werden, wenn man sie in Etappen angeht. Erfolge werden vor allem dann erzielt, wenn wir unsere Leben als eine Abfolge von festen Abschnitten sehen. Da wir alle normalerweise jede Nacht schlafen, ergibt sich daraus ein natürlicher Rhythmus, dessen Macht man respektieren sollte: Unser Schlaf-Wach-Zyklus gibt uns eine naturgegebene Periode regelmäßiger Fluktuationen – wobei in den Träumen auch noch die Ereignisse des Tages „verdaut" werden. Deshalb sollten wir jeden Tag auch als eine in sich abgeschlossene Aufgabe ansehen. Wer alle seine Tage erfolgreich meistert, der meistert damit ja automatisch auch sein ganzes Leben.

Ähnliches gilt für den Führungsalltag. Gerade im Management haben wir gelernt, dass es falsch ist, einfach so in den Tag hineinzuleben. Stattdessen lebt erfolgreiches Management und Unternehmertum von einem scharfen Bewusstsein des langfristigen Gesamtbildes. Die richtige Strategie ist, richtig verwirklicht, zweifellos der Königsweg zum Erfolg. Bei dieser wichtigen Erkenntnis geht aber allzu oft ein noch älteres Prinzip verloren: Auch die richtige Strategie, wenn sie nicht richtig alltäglich verwirklicht wird, bleibt meistens weitgehend wirkungslos.

Deshalb müssen wir lernen, die Macht des Augenblicks zu schätzen. Was bietet sich dafür besser an als die Magie des neuen Tages, die wir jeden Morgen beim Aufwachen immer wieder neu erleben.

Nachdem wir unsere großen persönlichen und unternehmerischen Strategien zuverlässig entwickelt haben, bleibt uns vor allem die eine Aufgabe: Sie jeden neuen Tag aufs Neue optimal zu verwirklichen. In diesem Sinne lohnt es sich, jeden Tag als einzigartige Gelegenheit zu schätzen. Denn unser Leben ist ja kein langer ununterbrochener Zeitstrang, sondern eine lange Reihe einzelner Tage.

***

Bewahre dein inneres Gleichgewicht

Wir alle müssen uns regelmäßig mit unangenehmen Ereignissen abfinden. Die Frage ist nicht, ob solche Vorgänge stattfinden werden. Sie finden statt. Die Frage ist, wie wir damit umgehen. Dabei ist die vielleicht wichtigste Frage für unser eigenes Wohlergehen, ob wir es zulassen, dass uns diese Ereignisse aus dem inneren Gleichgewicht bringen.

Wenn wir zulassen, dass äußere Einflüsse regelmäßig unser inneres Gleichgewicht stören, dann können wir leicht in eine fatale Geisteshaltung verfallen: weil Störungen des inneren Gleichgewichts sich in der Tat für uns sehr schädlich auswirken, können wir Taktiken entwickeln, entsprechende äußere Einflüsse zu vermeiden. Das führt auf lange Sicht zu einem Mangel an Mut, den wir uns vor allem als Führungskräfte nicht leisten können.

Das Problem kann besser dadurch gemeistert werden, dass wir in uns die innere Kraft entwickeln, äußere unangenehme Ereignisse nicht negativ auf unser inneres Gleichgewicht einwirken zu lassen.

Besonders wichtig ist dabei, nicht zuzulassen, dass die manchmal harsche Reaktion, die wir auf diese äußeren Umstände hin zeigen müssen, um unserer Verantwortung gerecht zu werden und unsere Prinzipien zu verteidigen, sich nicht negativ auf unser Inneres auswirkt.

***

Menschen sind fehlbar

Ein Mensch, der dir innerhalb von einhundert Jahren nicht wenigstens sieben Lügen erzählt, ist nutzlos.

Am schlimmsten sind die Heuchler. Wir alle sind Menschen. Deshalb machen wir auch Fehler. Besonders gefährlich sind diejenigen, die von sich behaupten, dass sie selbst fehlerlos seien. Dabei ist es durchaus möglich, dass jemand praktisch nie formale Fehler im Kontext des Unternehmens begeht. In vielen Fällen steckt hinter einer solchen äußerlichen Perfektion aber die verdeckte Weigerung, sich mit vollen Kräften für das Unternehmen einzusetzen. Wer sich mit aller Kraft einsetzt, kann es kaum vermeiden, sich gelegentlich zu weit aus dem Fenster zu lehnen. Deshalb sind auch Menschen, die noch nie aus irgendeinem Fenster gefallen sind, verdächtig.

Zudem wird, wer Verantwortungen nur an perfekte Menschen übertragen will, schnell keine Menschen mehr finden, an die er irgendeine Verantwortung übertragen könnte.

***

Ehre

„Ehre wem Ehre gebührt" ist ein zweischneidiges Sprichwort. Zum einen bedeutet es natürlich, dass derjenige, der Ehre verdient hat, sie auch bekommen sollte. Diesem Grundsatz wird kaum jemand widersprechen.

Das Sprichwort bedeutet aber auch, das Ehre nur dem zuteil werden sollte, der sie bereits verdient hat. Was uns zu einem nicht unerheblichen Problem im Zeitalter des Internets führt: Schließlich stehen die Unternehmen in ständigem Konkurrenzkampf um die Dienste der Highpotentials. Dort wo kreative Hochleistungen und professioneller Einsatz gefordert sind, werden Mitarbeiter allein schon aufgrund ihres Potenzials mit hohen Belohnungen geködert.

Aber Potenzial ist nicht das Gleiche wie eine ausgereifte, bereits erbrachte Leistung für das Unternehmen. Gerade in unserer Zeit wird die Notwendigkeit, dem Potenzial der Mitarbeiter gemäß zu handeln und gleichzeitig objektiv demonstrierte Leistungen besonders hervorzuheben, zu einer besonderen Herausforderung. Ansonsten kann auch besonderes Potenzial infolge von Eitelkeit und Selbstüberschätzung am Ende verpuffen und sowohl die entsprechende Person als auch das Unternehmen dadurch in Mitleidenschaft gezogen werden.

***

Jeder ist seines Glückes Schmied

Egal ob wir uns auf Beziehungen, Mentoren oder glückliche Umstände verlassen, im Endeffekt sind es doch vor allem wir selbst, die unsere eigene Zukunft bestimmen. Entsprechend sollten wir an unsere Herausforderungen herangehen. Dort wo wir nicht gewillt sind, Verantwortungen an andere Kräfte abzutreten, werden wir oft in besonderer Weise motiviert, unsere eigenen Kraftreserven und unsere eigenen physischen und psychischen Fähigkeiten bis zum Äußersten zu mobilisieren. Gerade solche extreme Akte der Selbstverantwortung führen dann oft zum gewünschten Durchbruch und erzeugen eine positive Spirale sich selbst verstärkender Erfolge für uns.

VIII

Aus dem Hagakure:

Bereits stolz auf die eigene Stärke zu sein, bevor man seine volle Reife erlangt hat, ist ein Weg, der schnell zur Schande führt.

***

Werde deinem Potenzial gerecht

Folge deinen eigenen Prinzipien

Wer einem Herrn gut dient, der ihn freundlich behandelt, ist dadurch noch kein guter Gefolgsmann. Aber jemand, der gut dient, auch wenn der Herr herzlos und unvernünftig ist, der ist ein guter Gefolgsmann.

Neben der Herausforderung, richtig mit den eigenen Mitarbeitern umzugehen, sieht sich die Führungskraft auch mit der Aufgabe konfrontiert, den eigenen Vorgesetzten richtig zu handhaben. Und selbst der Vorstand erhält mittlerweile zunehmend Druck von Aktionären und den Bankanalysten. Vor allem diese Beziehungen müssen mit strategischem Geschick gestaltet werden.

Unabhängig davon, wie es um die Qualität dieser Beziehungen bestellt ist, gilt es aber auch, die eigene Führungspersönlichkeit frei von den jeweiligen äußeren Umständen zu entwickeln. Deshalb muss neben der situationsgerechten, strategischen Kommunikation und Interaktion mit dem eigenen Vorgesetzten auch eine gewisse Führungskultur treten, die man unabhängig von der jeweiligen Chefpersönlichkeit einsetzt. Gerade die weniger guten Vorgesetzten können dabei gelegentlich eine langfristig lohnenswerte Herausforderung darstellen.

***

Konzentriere deine Aufmerksamkeit auf das Ende der Dinge

Der Erfolg eines Lebens ergibt sich erst am Ende. Nur wer sein Leben auch erfolgreich beendet, war wirklich erfolgreich. Das ist ein Aspekt, der im Wirtschaftsalltag leicht übersehen wird. Das gilt für alle Aspekte des Lebens und umfasst alle Rollen (Manager/Managerin, Ehemann/Ehefrau, Vater/Mutter). Zum Leidwesen mancher Idealisten gibt es dazu auch keine brauchbaren Alternativen. Denn die selbsternannten „Gutmenschen" haben das gleiche Problem wie alle anderen: Wie kann ich gleichzeitig beruflich erfolgreich sein und meiner Familie völlig gerecht werden? Das Ganze ist natürlich immer ein Seiltanzakt. Und erst am Ende des Lebens wird sich entscheiden, ob man alle Rollen hervorragend oder wenigstens ausreichend gemeistert hat.

Zumindest für den echten Samurai war es nicht von Bedeutung, wie angenehm und vergnügungsvoll das Leben verlief. Es ging nur um die Frage, inwieweit man seiner Verantwortung gerecht wurde und wie das Ende des Lebens aussah.

Das Gleiche gilt auch für Unternehmen. Erst durch die langfristige Überlebensfähigkeit und Wertschätzung des Marktes erweist sich ein Unternehmen als erfolgreich.

* * *

Erkenne die heutigen Meister an

Jedermann sagt, dass keine Meister der Künste mehr zum Vorschein kommen werden, weil sich die Welt dem Ende zuneigt. Das ist etwas, was ich nicht verstehen kann.

Viele der später von der Nachwelt als Genies erkannten Menschen erfuhren zu ihrer Zeit das gleiche Schicksal, das auch heute Menschen wahrscheinlich erleben, deren Genialität erst in der Zukunft erkannt werden wird: Sie stoßen auf Unverständnis, Skepsis, Ablehnung. Die Verehrung späterer Generationen ist da nur ein schwacher Trost.

Gerade in Deutschland gibt es die Tendenz, die Eliten zu verteufeln. Volkswirtschaftlich wird das noch gravierende Konsequenzen haben, wenn dieser Trend nicht deutlich umgekehrt wird. In der New Economy sind die Highpotentials die Wachstumsträger. Wer diese nicht fördert oder gar zur Abwanderung ins Ausland bewegt, schadet damit der Zukunft aller.

***

Bemühe dich bei Fehlern um Verständnis

Als ein Adliger einmal auf die Jagd ging, hielt ihn sein Gefolgsmann im dunklen Unterholz für einen wilden Eber und feuerte aus Versehen auf ihn. Der Adlige wurde ins Knie getroffen und stürzte daraufhin einen Abhang hinunter. Der Gefolgsmann regte sich furchtbar auf und bereitete sich an Ort und Stelle darauf vor, rituellen Selbstmord zu verüben. Der Adlige sagte zu ihm: „Du kannst dir deinen Bauch auch noch später aufschlitzen. Ich fühle mich nicht wohl. Bringe mir einen Schluck Wasser." Der Gefolgsmann beruhigte sich etwas, als er das Wasser holte, aber danach wollte er erneut Selbstmord begehen. Sein Herr hielt ihn aber mit Gewalt davon ab. Bei ihrer Rückkehr bat der Adlige seinen Vater, dem Gefolgsmann zu vergeben. Der Vater sagte zu dem Gefolgsmann: „Es war ein nicht vorhersehbarer Fehler. Mache dir

also deshalb keine Sorgen. Es gibt keinen Grund zur Beunruhigung. Fahre in deiner Arbeit fort."

Wer von seinen Mitarbeitern vollen Einsatz und kreativen Mut erwartet, der muss ihnen vor allem eines zugestehen: Rückendeckung, wenn sinnvolle und mutige Aktionen sich dann doch einmal als Fehlschlag erweisen.

Im Informationszeitalter ist die Lernende Organisation zu einem wesentlichen Faktor für den Unternehmenserfolg geworden (egal ob man dafür nun die Konzepte derjenigen als Benchmark akzeptiert, die diesen Begriff geprägt haben oder eigene Vorstellungen von diesem Organisationstypus und dem Weg dorthin hat). Ein echtes Lernen ist ohne gelegentliche Fehler kaum zu bewerkstelligen. Deshalb muss im Unternehmen auch eine entsprechende Fehlerkultur etabliert werden. Wichtig ist es dabei zu erkennen, dass kreative unternehmerische Leistungen auch den Freiraum zum Experimentieren und zum Eingehen von kalkulierten Risiken erfordern.

Langfristig werden die mutigen Unternehmen weiter kommen als die bedächtigen und vorsichtigen, auch wenn sie wegen ihrer Risikofreude mehr Fehler machen als diejenigen, die nichts wagen. Wer dies den Mitarbeitern so vermittelt und ihnen die nötige Geduld entgegenbringt, kann damit wesentliche Wettbewerbsvorteile gewinnen, weil er damit nicht nur Risikofreude, sondern auch Loyalität bei den Mitarbeitern fördert.

***

IX

Aus dem Hagakure:

Es gibt nichts, was die Vorteile einer wohlwollenden Herrschaft übertrifft. Aber es ist sehr schwierig, genügend geeignete wohlwollende Führer für ein ganzes Land zu finden. Wenn diese Aufgabe aber nur halbherzig angegangen wird, dann führt dies meistens zu allerlei Nachlässigkeiten. Wenn es deshalb schwierig wird, das ganze Land mit Wohlwollen zu regieren, dann ist es besser, mit Strenge zu regieren. Ein strenges Regiment bedeutet, dass man mit Strenge eingreift, bevor Probleme auftreten und die Angelegenheiten so gestaltet, dass das Übel keinen Spielraum gewinnt. Wer erst dann mit Strenge reagiert, wenn das Übel bereits deutlich hervorgetreten ist, ist wie jemand, der den Menschen Fallen stellt.

***

171

Wer darauf verzichtet, sich Stärke von anderen zu borgen und sich auch nicht auf seine eigene Stärke verlässt, wer seine vergangenen und zukünftigen Gedanken nicht wichtig nimmt und auch nicht in der üblichen alltäglichen Einstellung lebt, der hat den Großen Weg direkt vor Augen.

**

Wohlwollende Leadership

Sei nicht allzu idealistisch

Eine Warnung an alle Idealisten im Management: Natürlich sind ideale Zustände am erstrebenswertesten. Aber das heißt noch lange nicht, dass sie sich auch in der Realität herstellen lassen. Und gerade in der Wirtschaft, wo die menschliche Natur sich in all ihren Facetten deutlich widerspiegelt, bleibt oft kein allzu großer Spielraum für unrealistischen Idealismus.

Die „Gutmenschen" mögen es bedauern, aber Menschen sind nur selten in der Lage, völlig losgelöst von Eigeninteressen zu handeln. Ganz besonders trifft das dort zu, wo es in den oberen Etagen um viel Macht und umfangreiche Aktienoptionen geht. Wer also in seinem Unternehmen einen besseren Führungsstil verwirklichen will, der muss erst eine realistische Bestandsaufnahme machen: Haben wir genug Manager zur Verfügung, die vertrauenswürdig sind, wenn es darum geht, neue kooperative und mitarbeiterfreundliche Führungskonzepte in die Tat umzusetzen? Oft hängt die Antwort auf diese Frage vor allem vom Topmanagement ab: Haben wir es geschafft, im Laufe der Jahre entsprechende Führungsteams zu fördern und zu entwickeln? Das ist nicht selten die entscheidende Frage.

Nichts ist schlimmer, als großspurig – möglicherweise auch noch in Hochglanzbroschüren über die neuen Führungsleitlinien – den Mitarbeitern entsprechendes Wohlwollen zu suggerieren und dann nicht genügend Führungskräfte im Unternehmen zu haben, die diese neuen Prinzipien nun auch im Führungsalltag in die Tat umsetzen könnten.

Große Ankündigungen ohne die entsprechende Umsetzung führen bei diesen „großen Managementthemen" fast immer in relativ kurzer Zeit zu massiven Problemen. Ein Unternehmen, das ganz offiziell Wohlwollen propagiert, gleichzeitig aber rücksichtsloses Führungsverhalten im Alltag duldet, schafft nach dem Hagakure nur Freiräume für eine besonders negative Form der Führung: Offiziell wird bei jeder Gelegenheit Wohlwollen geheuchelt, während es im Alltag mit besonders harten Bandagen und perfiden Machtdemonstrationen zugeht.

In einem solchen Fall ist ein offen strenges Regiment besser, auf dessen Grundregeln sich zumindest alle Führungskräfte und Mitarbeiter verlassen können. In diesem Sinne darf der Idealismus der Führung nicht allzu weit vom Realismus, dem klaren Bewusstsein der realen Möglichkeiten, entfernt sein. Klaffen in dieser Hinsicht weite Lücken, dann müssen diese erst durch eine entsprechende längerfristige Führungskräfteentwicklung und -selektion geschlossen werden, bevor man die ambitionierteren Projekte in Richtung moderne Führungsmethoden anstoßen kann. Ansonsten schafft das Topmanagement mit solchen Versuchen mehr Probleme, als es löst.

***

Verlasse dich nicht auf die Stärke anderer

Wer seine Führungsaufgaben als interessante menschliche Herausforderung versteht und wem deshalb ein entsprechender Erfolg am Herzen liegt, der muss vermeiden, in diverse Fallen zu laufen: Zum einen kann man zwar die Hilfe anderer (Vorgesetzte, Kollegen, wohlmeinende Sekretärinnen) in Anspruch nehmen, sich primär darauf zu stützen, ist aber von vornherein ein gravierender Fehler. Jede Führungskraft muss in dieser Hinsicht ihren eigenen Weg finden.

Wer in Führungspositionen gelangt, ist sich oft bewusst, welche persönlichen Stärken zu dieser Entwicklung beigetragen haben. Was aber auch die Gefahr mit sich bringt, sich von nun an auf diese besonderen Stärken zu verlassen. Wirklich erfolgreich wird aber nur der Mensch, der auch weiterhin an sich arbeitet, seine Stärken weiter ausbaut und seine Schwächen überwindet. Aus diesem persönlichen „Qualitätsprogramm" aufgrund erster Erfolge auszusteigen, wäre ein schwerwiegender Fehler.

Ebenso ist es fatal, in der Vergangenheit zu schwelgen oder sich allzu ambitionierten Zukunftsträumen hinzugeben. Die Vergangenheit – egal ob wir uns auf positive oder negative Ideen und Erlebnisse beziehen – schafft zwar die Ausgangsbedingungen, mit denen wir jeden neuen Tag angehen können. Sie bestimmt dabei aber nur begrenzt die Möglichkeiten, die jeder neue Tag uns bietet. Und unsere Zukunftsträume werden nie wahr, wenn wir sie nicht durch die Gegenwart in die Tat umsetzen – Tag für Tag.

Selbst das tagtägliche Streben nach der Erfüllung unserer Visionen führt zu nichts, wenn wir zulassen, dass alltägliche Kleinigkeiten und Trivialitäten uns immer wieder aus dem Gleichgewicht bringen. Sie verführen uns dazu, ständig unsere Zeit zu verschwenden und unsere Tage nicht zu nutzen.

Nur der, dem es gelingt, sich jeden Tag auf seine wichtigsten Aufgaben in allen Lebensbereichen zu konzentrieren, wird deshalb in der Lage sein, zu einer großen Führungspersönlichkeit in allen Lebenslagen heranzureifen.

***

Prinzipien und Werte

Auch in der Wirtschaft ist es – auch wenn letztendlich nur die Gewinne zählen – gefährlich, wenn man sich immer nur auf die Ergebnisse und weniger auf die Methoden zu ihrer Erreichung konzentriert. Langfristig bewährt es sich für Unternehmen, Prinzipien und Werte zur Grundlage ihrer Arbeit zu machen und diejenigen Führungsverantwortlichen und Mitarbeiter zu belohnen, die danach handeln.

***

Verinnerliche die wahren Prinzipien

Yui Shosetsu wurde durch mündliche Unterweisung in achtzehn Abschnitten über den Unterschied zwischen Größerem Heldentum und Kleinerem Heldentum belehrt. Er schrieb diese Lektionen weder nieder, noch versuchte er, sie in sein Gedächtnis einzuprägen. Stattdessen vergaß er sie völlig. Als er dann aber mit realen Situationen konfrontiert wurde, handelte er rein impulsiv und die Lektionen, die er gelernt hatte, wurden als Weisheit lebendig.

Vor allem in unserer westlichen Welt des Rationalismus und des Materialismus sollten wir nicht die Macht des Unbewussten vergessen. Erfolg und Misserfolg im Wirtschaftsleben sind viel seltener mit rein ökonomischen und statistischen Faktoren verknüpft, als wir gerne annehmen. Selbst der Aktienwert eines Unternehmens hängt zu einem erstaunlichen Teil von vordergründig irrational erscheinenden Faktoren ab. Und kein Marktforscher kann im Voraus ergründen, was die Konsumenten am Ende wirklich zum Kauf bewegen wird. Zumindest nicht dort, wo später die größten und in den meisten Fällen auch unerwarteten Erfolge liegen werden.

Aus diesem Grunde war es immer auch schon die strategische Intuition des Managers, die große unternehmerische Erfolge bewirkt hat. Deshalb ist es wichtig, viele unterschiedliche Einflüsse und Informationen unbewusst zu absorbieren und sich dann neben der üblichen Vorgehensweise bei Entscheidungen auch auf seine strategische Intuition zu verlassen. Auf diese Weise kann auch unsere unterschwellig gesammelte Erfahrung vorteilhaft in unsere Arbeit einfließen.

✳✳✳

Ungerechtfertigtes Lob

Es ist keine gute Idee, Menschen ohne die nötige Sorgfalt zu loben. Wenn sie gelobt werden, dann werden sowohl der Weise als auch der Narr stolz. Wer unberechtigtes Lob verteilt, schadet damit nur.

Lob sollte ehrlich sein und nur ausgesprochen werden, wenn es für den Gelobten von Vorteil ist. Wer Lob als Manipulationswerkzeug einsetzt oder einfach nur achtlos und ohne echte Berechtigung lobt, kann damit dem Gepriesenen viel Schaden zufügen. Ungerechtfertigtes Lob kann ihn zum ungerechtfertigten Stolz verleiten und damit zu unklugen Handlungen bewegen.

✳✳✳

Die Welt als Täuschung

Da alles in dieser Welt nur eine Täuschung ist, ist der Tod das einzig Wahrhaftige. Deshalb sagt man, dass wer in seinem täglichen Leben in seinen eigenen Augen zu einem toten Mann wird, dem Weg der Wahrhaftigkeit folgt.

Wer Führung vor allem als den verantwortlichen Einsatz seiner Fähigkeiten und als Möglichkeit, zum Allgemeinwohl beizutragen, versteht, der muss sich tagtäglich erneut von den Verlockungen der Macht befreien. Nur wer bereit ist, voller Mut und ohne Eigennutz seine Führungsaufgaben wahrzunehmen, kann dies mit Wahrhaftigkeit und Aufrichtigkeit tun.

* * *

Sei risikofreudig

Wer dem Weg des Samurai folgt, wirft gerne sein eigenes hochgeschätztes Leben in die Waagschale.

Gerade Führungskräfte sind berühmt/berüchtigt dafür, dass sie einen Großteil ihrer besten Jahre mit vollem zeitlichen Einsatz in ihre beruflichen Aufgaben investieren. Am Ende kann dann aber nur volle Befriedigung stehen, wenn man dabei nicht nur Macht und materiellen Reichtum angehäuft hat, sondern auch weiß, dass man einen wertvollen Beitrag zum Wohl anderer geleistet hat.

* * *

Verliere nie den Fokus

Einer der Ältesten sagte einmal: Einen Feind auf dem Schlachtfeld wählt man, wie ein Falke einen Vogel fängt. Selbst wenn er in die Mitte von Tausenden Vögeln fliegt, widmet er keinem anderen Vogel Aufmerksamkeit als demjenigen, den er sich von Anfang an ausgesucht hat.

Dieses Prinzip trifft nicht nur auf die großen und kleinen Schlachten zu, die wir auch im Wirtschaftsalltag zu kämpfen haben. Besonders wenn die „große Idee" zum alles beherrschenden Fixpunkt für die eigenen Führungsaktivitäten wird, können sich in relativ kurzer Zeit erstaunlich machtvolle Resultate daraus ergeben. Deshalb ist es wichtig, sich nicht soweit in den alltäglichen Herausforderungen und Ablenkungen zu verzetteln, dass man den Blick für die eigene Vision verliert und aufhört, seinem eigenen Stern am Horizont durch alle Widrigkeiten hindurch mit Leidenschaft zu folgen.

***

Fürchte den Wandel nicht

Oft sind unsere Befürchtungen schlimmer, als das letztendliche Ergebnis einer neuen Entwicklung. Gerade in der New Economy werden da die Mutigen belohnt, die sich frühzeitig auf die Herausforderungen des Internets einlassen und neue Entwicklungen mit vorantreiben, statt sie nur zögerlich nachzuvollziehen. Das Internet bietet dabei auch Möglichkeiten, die sogar auf Abteilungsebene umgesetzt werden können. Deshalb kann sich jeder zu einem gewissen Grad an der Nutzung

der neuen Möglichkeiten mit seinem eigenen Verantwortungsbereich beteiligen, unabhängig von der Größe des Unternehmens oder seiner jeweiligen Position im Unternehmen. Vor
allem in diesem Sinne macht das Internet das Management
wieder spannender und bringt eine neue Begeisterung in die
Wirtschaft. Dieser Prozess verläuft aber nicht zwangsläufig in
die richtige Richtung, deshalb kommt es darauf an, dass sich
alle der neuen Entwicklung mit Mut und Kreativität stellen.

***

Sprich zur rechten Zeit

**Wenn etwas gesagt werden muss, dann ist es besser, man tut
es sofort. Wenn es später vorgebracht wird, klingt es oft nur
wie eine Entschuldigung. Zudem ist es manchmal gut, den
Gegner geradezu zu überrumpeln. Außer dass man die Befriedigung hat, alles Notwendige zur rechten Zeit gesagt zu
haben, stellt es einen der größten Siege dar, wenn man seinem Gegner etwas beibringen konnte, was auch ihm selbst
von Nutzen ist. Dieses Vorgehen entspricht den Prinzipien des
Weges.**

Der Samurai war nicht nur mit seinen Taten, sondern auch mit
seinen Worten bemüht, stets den richtigen Zeitpunkt zu finden und dann mit Entschlossenheit vorzugehen.

Gerade in Meetings und Besprechungen sind diejenigen
im Vorteil, die schnell und präzise den Verlauf der Kommunikation erfassen und zum richtigen Zeitpunkt adäquat reagieren. Wenn man den Dingen stattdessen erst einmal seinen Lauf
lässt, wird es später schwierig, einmal eingeschlagene Rich-

tungen wieder umzubiegen. Deshalb ist es vor allem wichtig, Einwände rechtzeitig und effektiv vorzubringen.

***

Gehe mit gutem Beispiel voran

Mit gutem Beispiel vorangehen, bedeutet auch, sich den gleichen unangenehmen Erfahrungen auszusetzen, die man seinen Mitarbeitern zumutet. In diesem Sinne kann gerade eine ältere Führungskraft, die sich darum bemüht, die Chancen und Möglichkeiten der New Economy auszuloten und die Kompetenz zum Umgang mit den entsprechenden Instrumenten zu entwickeln, für die Mitarbeiter ein motivierendes Vorbild sein.

X

Aus dem Hagakure:

*Das Sprichwort „Siege zuerst, kämpfe später"
bedeutet „Siege bereits vor dem Kampf".*

***

*Das Herz eines Kriegers sollte beim Angriff
mit der Vorhut und beim Rückzug mit der
Nachhut sein. Beim Vorrücken zum Angriff
vergisst er nicht, auf den richtigen Moment
zu warten. Beim Warten auf den richtigen
Moment vergisst er den Angriff nicht.*

***

*Ein Mann von großer Stärke braucht keine
militärischen Taktiken.*

Siege vor dem Kampf

Lege die Basis für den Sieg frühzeitig

Die vielfältigen, vernetzten Prozesse in der Wirtschaft – mittlerweile sogar von globaler Dimension – erfordern, dass wir die Basis für zukünftige Siege frühzeitig legen. Noch bevor der Kampf überhaupt begonnen hat, steht oft der Sieger bereits fest. Es ist derjenige, der sich mental und in seinen materiellen Möglichkeiten auf die jeweilige Herausforderung am besten vorbereitet hat. Dazu gehört vor allem auch das Lernen, der gezielte Erwerb von entscheidendem Know-how und die Arbeit an der eigenen Einstellung: Im Ernstfall gewinnt fast immer der kompetentere Stratege.

***

Tue das Richtige zur richtigen Zeit

Ein entscheidender Aspekt der Strategie ist das Timing. Es genügt nicht, das Richtige zu tun. Man muss das Richtige zur richtigen Zeit tun. In diesem Sinne ist auch vieles, was anderen so erscheint, als hätte man eben nur Glück gehabt, in Wirklichkeit vor allem ein Resultat des richtigen Timings. Kommt dann der richtige Zeitpunkt, ist es von entscheidender Bedeutung, dass die Strategie, die man für diesen Augenblick vorbereitet hat, richtig ist und auch die Ausführung tadellos funktioniert.

***

185

Schärfe deinen Instinkt

Die wahre Stärke eines Führers liegt nicht darin, dass er ständig „seine Hausaufgaben" macht, seine Zahlen und Fakten immer parat hat und bei den neuesten Managementtrends auf dem Laufenden ist. Wirklich große Führungspersönlichkeiten haben einen sicheren Instinkt für die Zeichen der Zeit und die Bedürfnisse der Menschen und sie treffen ihre Entscheidungen entsprechend. Was nicht heißt, dass sie in Ignoranz der Fakten und Zahlen handeln. Sie lassen sich aber von diesen äußeren Maßstäben nicht versklaven, sondern treffen ihre Entscheidungen letztendlich vor allem aus einem tiefen inneren Gespür heraus.

***

Große Herausforderungen

Wer Herausforderungen krampfhaft aus dem Weg gehen möchte, wird damit meistens kein Glück haben. Es geht nicht darum, Auseinandersetzungen und Entscheidungen zu vermeiden. Die einzige Wahl, die wir haben, ist, auf welcher Ebene diese Herausforderungen an uns herantreten werden: Wer großen Visionen folgt, wird oft auch großen Herausforderungen begegnen.

***

Achte auf deine Umwelt

Windglocken werden während militärischer Kampagnen zur Bestimmung der Windrichtung eingesetzt. Man sollte immer Windglocken aufhängen, damit man weiß, aus welcher Richtung der Wind weht.

Wer glaubt, auf ein konstantes Monitoring verzichten zu können, der schränkt seine Möglichkeiten erheblich ein.

Das gilt natürlich zuerst einmal für ein ständiges Beobachten der Veränderungen im Markt. Gerade im Zuge der Globalisierung und aufgrund der erhöhten Koordinationskapazität, die das Internet auch kleineren Betrieben bietet, umfasst der Kreis der potenziellen Konkurrenten dabei viele Unternehmen in vielen verschiedenen Ländern. Ebenso können vor allem die rapiden Änderungen im Technologiebereich ständig neue Gesichtspunkte für die eigene Arbeit eröffnen (sowohl als Chancen wie auch als Bedrohungen). Deshalb ist allein das äußere Monitoring der Umweltfaktoren und -entwicklungen zu einer großen Herausforderung geworden.

Kompliziert wird das Ganze noch durch die Notwendigkeit, auch den Zustand im Inneren des Unternehmens zunehmend besser zu beobachten. In einer Wirtschaft, in der menschliche Kreativität und intellektuelle Leistungsfähigkeit zunehmend zum bedeutendsten Produktionsfaktor wird, wird es umso wichtiger, mit den Mitarbeitern eine offene Feedback-Kultur mit gegenseitigem, regelmäßigem Informationsaustausch zu entwickeln.

***

Lass dich nicht durch dein eigenes Wissen behindern

Lord Aki erklärte, dass er seine Nachkommen keine militärischen Taktiken lernen lassen würde. Er sagte: „Wenn man auf dem Schlachtfeld erst einmal damit anfängt nachzudenken, kann man nicht mehr damit aufhören. Durch Nachdenken wird man die Linien des Feindes aber nicht durchbrechen. Wer vor der Höhle des Tigers steht, für den ist es lebensnotwendig, nicht nachzudenken. Wer militärische Taktiken erlernt, dem gehen im Ernstfall viele Zweifel durch den Kopf und es gelingt ihm kaum, entschlossen zu handeln.

Natürlich ist es extrem, bewusst auf die besten taktischen und strategischen Schulungen zu verzichten, die die momentane Zeit zu bieten hat. Die meisten solcher Experimente würden in einem Desaster enden.

Auf der anderen Seite ist es aber auch interessant, sich zu vergegenwärtigen, dass eine ausgefeilte Ausbildung durchaus auch Nachteile haben kann.

In diesem Sinne gilt es gleich mehrere nachteilige Aspekte des Lernens zu beachten.

Der erste ist: „Lernen kann das Handeln verkomplizieren."

In einer Zeit, in der Schnelligkeit oft wichtiger ist als perfekte Qualität, ist das ein nicht zu verachtender Einwand.

Manager wie Microsoft-Mitgründer Bill Gates, der sein Harvard-Studium abbrach, um stattdessen ein globales Softwareimperium aufzubauen, zeigen, dass man ohne umfassende formale Ausbildung große wirtschaftliche Projekte und Ziele verwirklichen kann. Vielleicht manchmal sogar gerade deshalb, weil man in der realen Wirtschaftswelt seine Erfahrungen gesammelt hat, statt einige weitere Jahre im Hörsaal zu verbringen.

Natürlich verhilft ein guter Abschluss an einer berühmten Universität immer noch zu interessanten Jobangeboten und gewöhnlich zu einem nicht allzu deprimierenden Lebensstandard. Trotzdem wirft vor allem die hohe Dynamik der New Economy die Frage auf, ob traditionelles Wissen nicht doch neue Ideen und Entwicklungen mehr behindert, als es ihnen zum Durchbruch verhilft.

„Lernen limitiert". Selbstverständlich können wir in unserem Leben – und noch weniger in den kurzen Studienjahren – nicht alles vorhandene Wissen der Menschheit in uns aufnehmen. Entsprechend limitiert ist die Auswahl an Wissen, das die von uns gewählten Lehrer uns präsentieren können. Die Konsequenz ist, dass all unser Lernen auch darin besteht, ein noch viel umfangreicheres potenzielles Wissenspaket tagtäglich zu ignorieren. Lernen bestimmter Inhalte heißt also auch immer, anderes Wissen bewusst oder unbewusst auszublenden. Besonders problematisch wird dieser Umstand durch die Tatsache, dass besonders das elitäre Lehren fast immer streng kulturell begründet ist. Deshalb lernen wir vor allem von den besten Institutionen unserer eigenen Kultur nur das beste Wissen eben dieser Kultur. Was immer sich außerhalb dieses kulturellen Horizonts bewegt, bleibt uns deshalb automatisch mehr oder weniger (d.h. höchstens noch in Form von in unserer Kultur gefilterten Informationen über andere Kulturen) verschlossen.

Verständlich, dass daher gerade aus den Reihen der Samurai, für die letztendlich im tödlichen Schwertkampf nicht kulturelle Theorien, sondern allein fast zeitlos gültige Wahrheiten den wirklichen Unterschied zwischen Leben und Tod ausmachten, die Frage aufkam, ob unmittelbare Eindrücke und Erfahrungen in Krisensituationen nicht bedeutsamer seien als kulturell gefärbte Sichtweisen. In diesem Denkansatz steckt allerdings auch eine Gefahr, denn selbst auf dem Schlachtfeld bestimmen kulturelle Prägungen wesentlich mehr das Verhalten, als uns bewusst ist. Weshalb es auch gefährlich wäre, Einblicke in die prägende Kultur der eigenen Umwelt bewusst zu vermeiden.

***

In Krisenzeiten zählt nur Entschlossenheit

Egal wie die Umstände sind, man sollte entschlossen sein zu gewinnen.

In friedvollen Zeiten mag man sich endlos den Kopf darüber zerbrechen, wie man letztendlich in Krisenzeiten reagieren würde, oder dann, wenn sich einem plötzlich unerwartet eine Erfolgschance präsentiert.

Natürlich sind solche Überlegungen hilfreich, weil wir besser mit Situationen umgehen können, auf die wir uns bereits vorher mental eingestellt haben. Privates und berufliches Szenario-Planning macht also durchaus Sinn. Allerdings ist es wichtig, die grundlegende Wahrheit dabei nicht zu vergessen: Die unbedingte Bereitschaft am Ende zu siegen ist immer noch die bedeutendste Triebkraft, die wir oder unsere Gegner einsetzen können.

Wer sich stattdessen auf Vorausplanungen verlässt, kann unerwarteten widrigen Umständen dann nichts entgegensetzen, selbst wenn er bereit ist, seine gesamte Existenz dafür in die Waagschale zu werfen.

***

Die Macht des Geistes

Nichts bleibt dem verwehrt, der fähig ist, seinen Geist zu fokussieren.

Immer getrieben von der bangen Erwartung, tagtäglich zu wenig zu tun, versäumen wir die wichtigste aller Lektionen: nichts, was nicht mit genügender Konzentration angegangen wird, kann langfristig zum Erfolg führen. Auf der anderen Seite ist nichts mächtiger als die dauerhafte Fokussierung auf relevante Aufgaben. Herauszufinden, was als nächstes unter den unglaublich vielfältigen globalen Möglichkeiten unsere besondere Aufmerksamkeit verdient, ist allerdings eine der schwierigsten Aufgaben.

***

Sei immer auf der Hut

Fessle sogar ein gegrilltes Hähnchen.

Wir leben in einer Welt, in der Vertrauen zunehmend zu einem wesentlichen Faktor bei wirtschaftlichen Transaktionen wird. Gerade in Zeiten des E-Commerce, die, wie jeder Experte für Datensicherheit problemlos darlegen kann, ganz besondere Sicherheitsrisiken in sich bergen, wird es besonders wichtig, vertrauenswürdige Partner und Kanäle für seine wirtschaftliche Aktivitäten zu finden. Gleichzeitig wird aber blindes Vertrauen immer mehr zu einem unberechenbaren Risiko.

Die Lösung liegt darin, dass man sich in seinen alltäglichen wirtschaftlichen Transaktionen nicht von Misstrauen gegenüber der Sicherheit des Internets lähmen lässt. Nachdem man vernünftige Sicherheitsvorkehrungen und -checks getroffen hat, sollte man sich auch in dieser Hinsicht erst einmal dem Aspekt einer vertrauensvollen Zusammenarbeit öffnen. Gleichzeitig ist aber allzu große Naivität gerade in Zeiten der Globalisierung und des Internets auch ein wesentlicher Faktor für den Misserfolg von Unternehmen.

Die Antwort liegt oft darin, dass man, wie es dem asiatischen Denken durchaus vertraut ist, mit zwei unterschiedlichen Geisteshaltungen an die Problematik herangeht:

Zum einen ist es kontraproduktiv, in Zeiten des Internets allem und jedem zu misstrauen. In diesem Falle wäre die beste Vorgehensweise, überhaupt nicht online tätig zu werden. Das wiederum würde sich sicherlich geschäftsschädigend auswirken. Es stellt daher auch keine vernünftige Option dar.

Auf der anderen Seite ist es vor allem bei der New Economy von besonderer Bedeutung, nie sein gesundes Misstrauen gegenüber unbekannten Möglichkeiten und unerwartet auftauchenden Gefahren aus dem Internet aufzugeben.

Man muss also vertrauensvoll handeln, aber gleichzeitig auf der Hut sein, um mögliche Gefahrensituationen (wie etwa einen drohenden Virenangriff) frühzeitig zu erkennen.

***

Überwinde die Trägheit

Versäume es nicht, auch ein galoppierendes Pferd anzuspornen.

Die Trägheit ist ein wesentlicher Aspekt aller Körper, die sich bewegen. Nicht anders ist es auch im menschlichen Leben.

Gerade, wenn alles gut zu laufen scheint, entwickelt sich der unwiderstehliche Drang, sich nun zu entspannen und die Dinge schleifen zu lassen.

Unglücklicherweise legt das Leben als Prinzip allen lebenden Wesen eine andere Gesetzlichkeit auf, als sie die unbelebte Natur zu erfahren scheint. Selten werden Felsentrümmer mit unangenehmen Folgen bedacht, falls Sie es wagen, lange Zeit unbewegt im Gelände zu liegen. Im Gegenteil, man ist froh, wenn sie nicht stattdessen ungebremst einen Steilhang hinunter auf die Straße rollen.

Ganz anders sieht es im Leben eines Menschen aus. Stillstand bedeutet fast immer, früher oder später, einen unrühmlichen Tod. Alle lebendigen Dinge bewegen sich in einem dynamischen Umfeld und können es sich einfach nicht leisten stillzustehen.

Instinktiv wissen wir das natürlich. Deshalb wird Stillstand auch in unserer westlichen Kultur zunehmend mit Versagen assoziiert. Schwieriger wird die Verständnislage dann aber, wenn es sich um bewegte Objekte handelt. Ein stehendes Pferd mag man noch als unproduktiv ansehen. Aber ein Pferd, das sich bewegt, tut doch zumindest etwas. Ganz besonders ungerecht erscheint eine Kritik an einem Pferd, das galoppiert. Was mehr kann man schließlich erwarten?

Nach dem Hagakure wird man das nie herausfinden, wenn man sich nicht die Mühe macht, auch die galoppierenden Pferde anzuspornen. Erst dann kann man die wahren Grenzen der einzelnen Pferde ergründen: Manche Pferde werden aus reinem Selbsterhaltungstrieb jegliches weitere Anspornen bewusst ignorieren. Andere werden sich in diesem Falle besondere Mühe geben.

Das Prinzip des Anspornens eines galoppierenden Pferdes ist deshalb auch vor allem eine besondere Selektionsmethode dahingehend, wer zu noch mehr hervorragender Leistung fähig ist und wer nicht.

Gleichzeitig birgt dieses Prinzip die Erkenntnis, dass Menschen oft zu viel Höherem berufen sind, als sie sich selbst eingestehen.

In ganz besonderer Weise trifft dies aber auf das Selbstmanagement zu: Gerade wenn man seine erfolgreichen Phasen hat, gibt es keinen Grund, sich zurückzulehnen und seine bereits erreichten Privilegien zu genießen. Gerade unter diesen Umständen lohnt es sich, weiterhin intensiv nach Höherem zu streben. Auf höherem Niveau lässt sich besonders viel durch erhöhte Anstrengung erreichen.

***

Die schlimmsten Feinde handeln im Verborgenen

Ein Mann, der dich öffentlich angreift, ist dir nicht wirklich feindlich gesonnen.

Erklärte Feinde sind nicht die schlimmsten Feinde. Im Gegenteil, nicht selten entpuppen sich solche Menschen später einmal als potenzielle Freunde. Die wirklichen Feinde sind diejenigen, die manchmal über Jahre hinweg negative Gefühle und Aggressionen unterdrückt haben und mit großer Geduld darauf lauerten, diese zum rechten Zeitpunkt zum Ausdruck zu bringen.

***

Der Wert eines guten Mannes

Geld kann man jederzeit erwerben. Einen guten Mann aber findet man nur schwer.

Gute Leute zu finden und langfristig an das Unternehmen zu binden, war schon immer das Nonplusultra der unternehmerischen Kompetenz. In einer Wirtschaft, in der Mehrwert hauptsächlich durch Innovationen und Wissen erzeugt wird, rückt diese Aufgabe noch zusehends mehr in den Mittelpunkt.

In gewisser Weise ist es da schon bemerkenswert, wie viele Personalabteilungen sich nur auf die alten traditionellen Weise darum bemühen, die besten Mitarbeiter für das eigene Unternehmen zu finden. Auf diese Weise werden entscheidende Wettbewerbsvorteile verschenkt.

***

Reale Menschen sind fehlbar

Gehe einhundert Meter mit einem realen Menschen und er wird dir mindestens sieben Lügen erzählen.

Menschen haben Schwächen. Vor allem bei der Auswahl und Beurteilung von Mitarbeitern sollte man das nicht ignorieren. Es gibt keine realen Menschen ohne Probleme. Diejenigen, die versuchen, entsprechende Ideale vorzuspiegeln, sind manchmal ganz besonders mit Vorsicht zu genießen.

In einer Zeit, wo manche große Unternehmen schon Computerprogramme die Vorauswahl unter den Bewerberunterlagen treffen lassen, bevor sie ein Mitarbeiter der Personalabteilung auch nur zu Gesicht bekommt, sollte man nicht vergessen, dass nur wenige echte Genies einen völlig geradlinigen Werdegang hatten.

An der amerikanischen Eliteuniversität Harvard werden zum Beispiel mittlerweile bewusst auch Studenten mit ungewöhnlicherem Hintergrund zugelassen, um so eine gesunde und kreativitätssteigernde Mischung unter den Studenten zu erreichen. Auch die asiatische Tradition glaubt in dieser Hinsicht eher an den zweiten Blick auf einen Menschen, als sich nur vom ersten Anschein beeinflussen zu lassen. Schwächen sind in dieser Hinsicht kein Hindernisgrund, sondern eine Selbstverständlichkeit. Auf die Balance zwischen Schwächen und Stärken und dem sich daraus ergebenden Entwicklungspotenzial kommt es letztendlich an.

✳✳✳

Suche den Dialog

Eine Frage auch dann zu stellen, wenn man die Antwort bereits weiß, ist ein Zeichen von Höflichkeit. Eine Frage dann zu stellen, wenn man die Antwort nicht weiß, ist der Normalfall.

Fragen werden auch gerne als rhetorische Tricks eingesetzt, um die anderen zu verunsichern. Man kann mit Fragen aber auch versuchen, einen fruchtbaren Dialog in Gang zu bringen.

✳✳✳

Handle entschieden

Wenn die Zeit zum Handeln gekommen ist, dann sollte man dies ohne Zögern und ohne Furcht vor möglichen Fehlschlägen tun. Unter normalen Umständen wird diese Einstellung genügen, um in Auseinandersetzungen den Sieg davonzutragen. Manchmal trifft man aber auch auf einen Gegner, der eine ähnliche dynamische Handlungsweise an den Tag legt. Dann entscheiden die jeweilige Entschlossenheit oder ganz einfach glückliche Umstände über den Ausgang. Gewöhnlich wird man aber das Glück des Tüchtigeren haben, wenn man sich ernsthaft bemüht, langfristig der Tüchtigere zu sein.

***

Sei nicht zu vertrauensselig

Zeige dein Schlafquartier keinem anderen Menschen. Die Zeiten des tiefen Schlafs und des Erwachens sind sehr wichtig. Vergiss dies nicht.

Besonders fähige Krieger wurden oft von weniger fähigen Feinden in ihren Schlafquartieren angegriffen, weil diese nur dann eine Chance hatten, den großen Samurai zu besiegen, wenn sie sich heimlich ins Haus schlichen und ihn im Schlaf überraschten.

Wer sein Schlafquartier anderen zeigte, beschwor damit die Gefahr herauf, ihnen einen solchen Angriff eines Tages zu erleichtern. Da aus Freunden im Laufe der Zeit nicht selten Feinde wurden, war es auch nicht ratsam, momentanen Freunden allzu tiefe Einblicke in dieser Hinsicht zu gewähren.

Zudem sollte das Schlafzimmer ein Ort der völligen Entspannung sein. Nur wer sein Geheimnis wahrte, konnte diesen Effekt auch aufrechterhalten, ohne sich im Nachhinein Sorgen machen zu müssen, ob er nicht die Falschen in seinen intimsten Lebensbereich eingeweiht hatte.

In der Analogie sollte man mit Geschäftsfreunden, Mitarbeitern oder Vorgesetzten nicht zu vertraulich umgehen. Das angelsächsische Sprichwort „Familiarity breeds contempt" (frei übersetzt: Vertrautheit führt leicht zu Verachtung) ist in dieser Hinsicht durchaus zutreffend: Jeder Mensch hat bei genauerem Kennenlernen mehr Schwächen und Macken zu offenbaren, als dies bei nur flüchtiger Bekanntschaft erkennbar ist. Deshalb bietet auch eine nicht allzu große Vertrautheit einen guten Schutz gegenüber einer sonst leicht über die Jahre wachsenden Irritation der anderen mit den eigenen Schwächen, bei gleichzeitiger Gewöhnung und damit abnehmender Achtung für die eigenen Stärken.

Zudem weiß man nie, wer sich im Laufe der Zeit nicht doch als Gegner, statt als Freund entpuppt. Wer dann nicht allzu viele Angriffspunkte preisgegeben hat, schläft wahrscheinlich ruhiger.

***

Lasse dich nicht täuschen

Wenn man auf den Feind trifft, dann kann man seine Stärke folgendermaßen bestimmen: Wenn er seinen Kopf gesenkt hat, wird er dunkel erscheinen. Dann ist er stark. Wenn er seinen Kopf erhoben hat, dann wird er hell erscheinen. Dann ist er schwach.

Der erste Eindruck kann täuschen. Gerade dort, wo mit viel PR-Getöse Stärke suggeriert werden soll, offenbart sich in den Aktivitäten oft eine gehörige Portion Unsicherheit und Schwäche. Wahre Entschlossenheit zeigt sich oft in weniger auffälliger Weise.

Vieles im Geschäftsleben ist vor allem eine Frage der Psychologie. Man sollte sich deshalb nicht leicht blenden lassen, sondern erkennen, wo bei Konkurrenten und Verbündeten wahre Stärken und Schwächen liegen.

***

Angst lähmt

Wenn ein Krieger sich nicht innerlich von Fragen des Lebens und Sterbens gelöst hat, ist er zu nichts zu gebrauchen.

Führung und Management sind Aufgaben, die von kleinlichem Absicherungsdenken und Karriereträumen nur behindert werden. Nur wer voll in seiner Aufgabe aufgeht und ohne Zurückhaltung vor allem seiner Führungsaufgabe gerecht wird, kann sich im Laufe der Zeit zu einer großen Führungspersönlichkeit entwickeln.

Ob das dann immer bei Aktionären, Investoren oder Chefs auf entsprechende Anerkennung stößt, ist eine andere Frage. In diesem Sinne wird jede Generation letztendlich die Führungskräfte haben, die sie verdient.

***

Bedenke die Konsequenzen deiner Taten

Vernünftige Menschen fragen sich automatisch, was die möglichen Konsequenzen ihrer Handlungen sein werden. Sie vermeiden so Probleme und unnötige Schwierigkeiten. Das zeigt aber, dass nicht nur unser Handeln einen bewussten Entschluss erfordert. Auch unser Nichthandeln fußt oft auf einer bewusst getroffenen Entscheidung. Deshalb ist es auch ratsam, immer auch die Konsequenzen eines jeweiligen Nichthandelns zu bedenken. Wer nämlich nur Fehler vermeidet, aber keine Chancen ergreift, bleibt am Ende auch uneffektiv. Das ist ein Aspekt, der nicht oft genug bedacht wird und deshalb bleiben viele, manchmal sogar die besten Chancen ungenutzt.

***

Handle spontan

Seit den Zeiten des Scientific Management wurde Führung zunehmend als ein kalkulierbares und rational begründbares Handlungsgefüge verstanden. Mit großem Nutzen für die Effizienz und Effektivität der wirtschaftlichen Aktivitäten.

Mittlerweile ist das Pendel aber zu sehr in Richtung Rationalismus und Determinismus umgeschlagen. Mehr Spontaneität ist wieder gefragt. Gerade im Internetzeitalter bauen sich manche aufgrund großer Visionen und einer Reihe spontaner, mutiger Entscheidungen ein Wirtschaftsimperium auf, bevor ihre Konkurrenten auch nur angefangen haben, zu analysieren und zu berechnen, warum die Visionäre so erfolgreich waren.

***

Auch große Persönlichkeiten haben ihre schwachen Momente

Unter den Worten, die von großen Generälen gesprochen wurden, sind auch solche, die von Unachtsamkeit zeugen. Man sollte ihnen nicht die gleiche Bedeutung beimessen.

Wer erwartet, dass große Führungspersönlichkeiten in allen Aspekten und zu allen Zeiten ihres Lebens herausragend sind, wird enttäuscht werden. Deshalb muss man lernen, die großen Leistungen von den kleinen Schwächen zu unterscheiden. In unserer modernen Medienwelt erscheint dies zunehmend als eine schwierige Aufgabe: Gerade für den kurzen Filmclip, der immer mehr auch die Fernsehnachrichtensendungen beherrscht, eignen sich keine differenzierten Betrachtungsweisen. Man ist im Fernsehen entweder ein Held, der Gute, das sensationelle Vorbild oder der Glückspilz, auf den fast die ganze Nation eigentlich neidisch sein sollte. Oder man ist das Gegenteil: Der Buhmann, der Böse, derjenige, den alle mit Verachtung strafen sollten. Dort wo über Führungspersönlichkeiten berichtet wird, trifft beides selten zu: kaum ist jemand so großartig oder unrühmlich, wie es dargestellt wird. Die Konsequenz: wenn wir uns nicht einen differenzierteren Umgang mit den momentan jeweils beliebten Positiv- und Negativbeispielen an wirtschaftlichen, politischen und gesellschaftlichen Institutionen oder Führungspersönlichkeiten angewöhnen, werden wir nicht in der Lage sein, vernünftige Lektionen aus deren Erfahrung und Leben zu lernen.

***

Vermeide es, den Neid der anderen zu provozieren

Es ist nicht immer gut, sich frühzeitig in den Vordergrund zu spielen. Das ruft viele Neider auf den Plan. Glanzleistungen werden dann hingenommen (schließlich hat man die ja angeblich sowieso vollmundig angekündigt) und Fehler werden genüsslich ausgeschlachtet. Wer dagegen anfangs eher im Hintergrund bleibt, kann durch herausragende Leistungen einen Überraschungseffekt erzeugen und trotzdem werden weniger Leute sein/ihr Können als Bedrohung für die eigenen Karrierepläne empfinden.

***

Bereite dich auf Krisen vor

Erst in Krisenzeiten zeigt sich oft, aus welchem Holz die jeweiligen Führungskräfte wirklich geschnitzt sind. Gerade in diesen Zeiten können sich Blender als besonders schädlich für das Unternehmen erweisen, wenn sie erst viel Sicherheit ausgestrahlt haben, dann im kritischen Moment aber versagen. Ein kluger Manager testet deshalb seine Führungskräfte gelegentlich, um herauszufinden, wie sie sich in der Krise bewähren werden, bevor eine solche Krise seinen gesamten Bereich oder sogar das gesamte Unternehmen erfasst.

***

Im schlimmsten Fall

Die Angst zu versagen nimmt oft mit dem Ausmaß der Verantwortung zu, die man erlangt. Deshalb ist es sinnvoll, sich regelmäßig mit der Frage zu befassen, was eigentlich im schlimmsten Fall wirklich geschehen könnte. Zum einen wappnet man sich damit für entsprechende Zwischenfälle und wird deshalb leichter in die Lage versetzt, damit umzugehen, sollte der Fall der Fälle wirklich einmal eintreten (selbst entsprechende Vereinbarungen im Arbeitsvertrag können helfen, sich nicht von unnötigen Bedenken behindern zu lassen).

Das gedankliche Durchspielen von Katastrophenszenarien kann helfen, eine diffuse Angst in eine konkrete Furcht vor ganz bestimmten Faktoren zu verwandeln. Damit hat man dann Ansatzpunkte, um Strategien zur Vermeidung der erkannten potenziellen Probleme zu entwickeln.

***

Die Anerkennung der anderen

Ohne das Wohlwollen anderer Menschen gibt es für keinen von uns eine Karriere. Wir alle sind darauf angewiesen, dass irgendjemand unsere Arbeit schätzt und für eine entsprechende positive Resonanz sorgt. Allerdings muss das nicht der unmittelbare Vorgesetzte sein. In der Wirtschaft können das durchaus auch die Mitarbeiter, Kollegen oder Inhaber sein, die sich für uns einsetzen. Oder die Kunden und Geschäftspartner. In der Unterhaltungsindustrie braucht der Showmoderator oder Schauspieler die Gunst der Zuschauer, der Journalist oder Autor die Leser, der Musiker die Zuhörer und Plattenkäufer.

Wichtig ist, dass Leistung an sich, sofern sie sozusagen im menschenleeren Raum und unter Ausschluss der Öffentlichkeit stattfindet, die eigene Karriere nicht fördert. Erst andere Menschen sind in der Lage, dies zu bewerkstelligen. Entsprechend wichtig ist es deshalb schon allein aus diesem Grund, auf die anderen einzugehen und sich ein Netzwerk von Menschen zu schaffen, in dem man sich gegenseitig hilft und unterstützt. Dabei gibt es aber bestimmte Regeln, die vor allem die sogenannten Überflieger unter uns beachten sollten:

Die Menschen werden zu deinen Feinden, wenn du zu schnell in deinem Leben in eine herausragende Stellung gelangst. Das wird dich in deiner Effektivität behindern. Wenn du aber langsam aufsteigst, dann werden die Menschen zu deinen Verbündeten werden und dein Glück ist dir gesichert.

Am Ende, egal ob du schnell oder langsam in deinem Aufstieg bist, wird es für dich keine Gefahr geben, solange du die Sympathien der Menschen auf deiner Seite hast. Man sagt, dass der Erfolg, der einem von anderen aufgenötigt wird, der wirkungsvollste ist.

***

XI

Aus dem Hagakure:

Obwohl es mir vielleicht nicht zusteht, dies zu sagen, möchte ich doch auf jeden Fall betonen, dass es meine Hoffnung ist, dass ich nach meinem Tod nicht als ein großer Weiser verehrt werde, dessen Worten man bedingungslos folgt. Stattdessen ist es mein inniger Wunsch, dass meine Worte dabei helfen werden, die Provinz recht zu regieren.

***

Meine eigenen Schwüre sind die folgenden:
Niemals auf dem Weg des Samurai
übertrumpft zu werden
Meinem Herrn immer von Nutzen zu sein
Meine Verantwortung auch gegenüber meiner Familie wahrzunehmen
In meinen Handlungen großes Mitgefühl zu zeigen und mich für das Wohl der Menschen einzusetzen.

Ein kleines Nachtgespräch

Das Beispiel des Yamamoto Tsunetomo

Oft neigen die Menschen dazu, ihre Vorbilder und Idole regelrecht zu vergöttern. Das führt dann zu einem unkritischen Kopieren von deren Stärken und Schwächen. Yamamoto Tsunetomo, der Autor des Hagakure, war da bescheidener. Im letzten Kapitel seines Buches, dem „kleinen Nachtgespräch", sagt er, dass er diese Haltung der Nachwelt in seinem Falle für unangebracht halten würde. Trotzdem wollte er davor warnen, weil er (wie sich später herausstellte, durchaus berechtigt) die Gefahr sah, dass man sein Werk kritiklos als Anleitung für den idealen Weg des Samurai annehmen würde. In der Tat wurde das Hagakure im Laufe der Zeit zur zeitlosen „Bibel" für diejenigen, die Bushido, den Weg des Samurai in seiner höchsten Vollendung, anstrebten.

***

Bewahre die Weisheit der Vergangenheit und vermeide ihre Fehler

Das wahre Lernen erfolgt von einer Generation zur anderen nur dann in einem immer vollkommeneren Maße, wenn man die Weisheit der Vergangenheit nicht verliert, sondern sie immer wieder zu neuer geistiger Blüte erweckt und gleichzeitig auch die Denkfehler und überholten Vorstellungen der Vergangenheit erkennt und überwindet. (Auch Aristoteles hatte Ansichten, die wir von unserem heutigen Standpunkt aus als unsinnig empfinden müssen, entsprechendes gilt für die anderen großen Denker des Westens und des Ostens.)

Allen wahren „Samurai" sollte zu allen Zeiten dabei eines aber gemeinsam sein: der Wunsch danach, sich immer mehr in Richtung der idealen Führungskraft zu entwickeln und dabei die wertvollen Lektionen der Vergangenheit nicht zum Endresultat, sondern zum Anfang ihrer Bemühungen zu machen.

***

Leadership als Berufung

Eine Aufgabe haben alle guten Führungskräfte gemeinsam: Vorbildliches Führen ist für sie nicht nur ein Mittel zum persönlichen Erfolg, sondern eine Berufung, der sie aus innerer Überzeugung gerecht werden wollen. Wer sich vornimmt, die beste Führungskraft im Unternehmen zu werden, der wird so leicht in diesem Bereich nicht übertrumpft werden, wenn er sich täglich bewusst dieser Aufgabe widmet.

***

Schaffe Mehrwert

Auch in Zeiten des E-Commerce gilt immer noch die goldene Regel vom Mehrwert. Auch für den Manager. Eine Bedingung für den langfristigen Erfolg ist, dass der Output den Input übersteigt: Mit anderen Worten, wer mit seiner Leistung dem Unternehmen mehr Nutzen bringt, als das Unternehmen an Gehalt und anderen Vergütungen und Kosten für seinen Einsatz aufzuwenden hat, der hat im Grunde eine sichere Position, solange das Unternehmen nach rationalen und fairen Gesichtspunkten gemanagt wird.

**

Werde deinen privaten Verantwortungen gerecht

Beruflicher Erfolg ist nur dann auf Dauer ein Zufriedenheitsfaktor, wenn er nicht zu Lasten privater Verantwortungen geht und auch das Privatleben zufriedenstellend verläuft. Ohne ganzheitlichen Ansatz, der alle Aspekte des Lebens umfasst, kann es keinen umfassenden Lebenserfolg geben. Es ist wichtig, das frühzeitig zu beachten, bevor sich im Beruf Automatismen einschleichen, die dann im Nachhinein das Privatleben zunehmend untergraben.

**

Leiste einen wertvollen Beitrag

Erfolg scheint zunehmend, gerade in Wirtschaft und Politik, in keinerlei ethischen Maßstäben mehr bemessen zu sein. Dem ist aber nur bei oberflächlicher Betrachtung so. Es gibt sie noch immer, die einsamen Manager und unglücklichen Medienstars. Das Bewusstsein, einen wertvollen Beitrag zum Wohle der Menschen im eigenen Verantwortungsbereich und letztendlich zum Wohl der Menschheit allgemein zu leisten, ist ein Faktor, der entscheidend zur eigenen Zufriedenheit beiträgt. Wessen Weg zur Spitze dagegen über die Köpfe auch wohlmeinender Menschen hinweg erfolgte und mit Verrat an Freunden und eigenen Prinzipien erkauft wurde, der kann durchaus die oberflächlichen Symbole des Erfolgs in Fülle zur Schau stellen, ein wahrhaft glücklicher Mensch wird er aber wohl kaum sein können. Glück und Spaß sind selbst in der Spaßgesellschaft immer noch zwei grundlegend unterschiedliche Gefühlszustände.

Gerade die New Economy bietet Menschen die Chance, beides zu vereinen: Spaß und entschlossenen Einsatz für die eigenen Visionen. Daraus erwächst nicht selten ein Lebenserfolg, der auch darauf beruht, dass man einen wertvollen Beitrag zur Weiterentwicklung der globalen Gemeinschaft geleistet hat.

***

Der Ton macht die Musik

Ingrid Amon

Mit Audio-CD

Die Macht der Stimme

Persönlichkeit durch Klang, Volumen und Dynamik

176 Seiten
Paperback
ISBN 3-7064-0686-1

Die Stimme des Menschen hat Macht: Unsere Wirkung auf andere hängt zu über einem Drittel vom Klang der Stimme ab und nur zu sieben Prozent vom Wortinhalt! Stimme offenbart Persönlichkeit, sie verrät das tatsächliche Befinden, Ängste und Stimmungen. Der Ton lässt hören, ob man nur Lippenbekenntnisse abgibt oder innerlich zu seinem Anliegen steht. Eine trainierte Stimme ist also die beste Voraussetzung für eine wirkungsvolle Präsentation, überzeugendes Auftreten und freies, ausdrucksvolles Sprechen. Mit präziser Sprechtechnik drückt man sich nicht nur klarer aus, sondern hinterlässt auch einen klangvollen Eindruck.

Dieser Ratgeber bietet ein kurzweiliges Training: Durch einfache, effektive Übungen im Buch und auf der beigefügten CD lernt der Leser, die Macht der Stimme zu nutzen.

*Nach ihrer Sprech- und Schauspielausbildung arbeitete **Ingrid Amon** als Sprecherin, Moderatorin und Hörfunkjournalistin u. a. beim ORF. Seit 1980 ist sie freie Trainerin für Sprechtechnik, Rhetorik und Präsentation. Sie trainiert Fernseh-Moderatoren und arbeitet als Beraterin für integrierte Entwicklung von Stimme, Körpersprache und Outfit.*

UEBERREUTER WIRTSCHAFT

http://www.ueberreuter.at
http://www.ueberreuter.de

Initialzündungen

Die **75** besten Management-entscheidungen aller Zeiten

Stuart Crainer

manager Edition UEBERREUTER

288 Seiten
Hardcover
ISBN 3-7064-0700-0

Stuart Crainers Buch ist eine eigenwillige, manchmal respektlose, stets unterhaltsame Sammlung von Managemententscheidungen aus aller Herren Länder, die den Lauf der Welt verändert haben. Einige dieser Entscheidungen sind dem Leser wahrscheinlich bekannt, andere werden ihn überraschen. Crainers Auswahl dürfte nicht unumstritten sein, doch in jedem Fall regt sie zum Nachdenken an.

In diesem Buch finden sich Antworten auf folgende Fragen: Was hat Benjamin Franklin mit modernen „Headhuntern" gemein? Welches war die klügste Entscheidung, die Elvis Presley in seiner Karriere fällte? Was hat ein Sklave namens Shem (der 1000 Jahre vor dem Beginn unserer Zeitrechnung lebte) mit der modernen Werbung zu tun? Wie in aller Welt konnte das Fiasko des „neuen Coke" im Jahr 1985 Aufnahme in die Liste der 75 besten Managemententscheidungen aller Zeiten finden? Und last but not least haben in diesem Buch auch die 21 schlechtesten Managemententscheidungen ihren Platz gefunden, denn Erfolg und Misserfolg liegen manchmal sehr nahe beieinander. Und so bilden die Flops einen unterhaltsamen Gegensatz zu den Triumphen und bestätigen einmal mehr die Erkenntnis „Irren ist menschlich".

Stuart Crainer ist ein anerkannter Fachmann für Unternehmens- und Managementfragen, der regelmäßig Beiträge für die „Financial Times", die (Londoner) „Times", das Magazin von British Airlines, „Across the Board", sowie verschiedene andere Publikationen verfasst. Er ist Autor von zahlreichen Wirtschaftsbestsellern wie „Die ultimative Management Bibliothek". Seine Bücher sind bereits in 17 Sprachen erschienen. Er lebt in England in der Nähe von Oxford.

UEBERREUTER WIRTSCHAFT

http://www.ueberreuter.at
http://www.ueberreuter.de